追寻中国教育历史印迹

北京东城学校老照片

中石题

鲁天龙　主编

中华书局

创意单位：北京市东城区校办产业管理中心

主　　编：鲁天龙

编　　委：侯守峰　崔建生
　　　　　孙衍慧　刘德寅
　　　　　霍忠武　聂树柯
　　　　　李　源　杨子忠
　　　　　龚振东　刘洪林
资料管理：丁　宁　安宏玉　曾妍妍

前　言

自元朝定都北京后，北京始终是中国的文化中心，也是教育中心，始终是中国最发达最活跃的教育区域之一。

历史上，北京教育主要集中在城区，即现今的北京市东城区和西城区。从全国最高教育行政机构和最高学府的国子监到中国第一所国立综合大学——北京大学，从新中国建国后建设的第一所中学——北京市第十一中学到"三个面向"发源地、承担着教育改革试验使命的景山学校，东城学校记载着中国教育历史变迁的印迹，是中国教育发展史上重要的篇章，是中国教育发展历程的缩影。

本书通过多方搜集到的老照片和资料，力图生动地反映东城教育发展的曲折历程，并尝试对这一历程做出扼要的描述和历史的分段，从而折射出中国政治文化的变迁和发展。

本书将元代开始到 1966 年的北京东城教育历史分为七个部分。元、明、清初至鸦片战争前、鸦片战争至辛亥革命的近代时期、民国时期、新中国建国初期为按历史进程划分的六个部分。将"教会学校在北京东城的建立与演变"单列，是因为它在中国近代对北京东城教育发展有重大影响，但清代没有将它包括在国家教育体制之内，并且它跨进了民国时期。

从洋务运动、维新变法到清末新政时期，中国近代教育突破了传统国家教育体制藩篱，在激烈争辩和重重阻力中动荡前行，是国家教育体制重大历史性变革的一个重要时期。故将清代按鸦片战争前后分为两个部分表述。

全书七个部分重点描述了各个时期北京东城教育发展史上具有标志性、代表性的教育机构、教育事件、教育思想和教育人物，在一定程度上体现了中国教育各个阶段的重要特征。

一个国家和民族文化教育的延续与发展，都是在既有传统的基础上进行的。文化教育的变革与创新离不开对历史的充分了解与合理诠释，离不开对历史的认识评判与正确扬弃，唯此才能做出合乎时代潮流与要求的教育抉择。当前，在教育改革与发展上困扰我们的许多问题，如考试与学习的关系、考试机构与学校的关系、权贵教育与平民教育的关系、精英教育与大众教育的关系、学习与劳动实践的关系、中外教育的借鉴学习与沟通互融的关系、教育现代化与弘扬中华传统文化的关系等，是教育界一直在努力探讨的教育的永恒话题，我们都可以通过回顾历史来进行更深刻的反思。

我们希望这些反映东城教育历史的老照片和资料能勾起人们的记忆，让人们对中国教育历史有更多的关注，对前人的教育理念、教育思索与实践有更多的了解。

出版本书我们还有一个重要的目的，就是通过对东城教育历史的介绍，提醒那些至今熟识和管理着历史老校的人们，特别是那些对历史老校握有规划建设权的人，更加珍惜我们民族宝贵的历史教育文物，珍惜现存的历史老校——包括但并不限于学校老的建筑、老的照片、老的毕业生与教师的资料、老的牌匾、老的书画，甚至老的校名等。它们都承载着沉甸甸的历史文化。

现今，商业品牌可以评出众多的"老字号"，甚至评估其历史文化价值如何，而教育历史文物更具历史文化意义，更值得我们去珍惜，我们应给予它们全力的保护。

鲁天龙

2012 年 10 月

目　录

新中国建立初期北京东城的学校建设（1949—1966）……231

后记

始建于元代的
北京国子监

始建于元大德十年（1306 年）的北京国子监，坐落在现北京市东城区安定门内国子监街（原名成贤街）15 号，与孔庙和雍和宫相邻，是我国元、明、清三代国家管理教育的最高行政机关和国家设立的最高学府。

　　国子监之名称，始于唐贞观元年（627 年）五月，由国子学改称为国子监。国子监成为了中央政府教育行政机构，可直接对皇帝负责，也接受上级机关礼部的统调指导；它又是设在首都的国家最高学府，实际培养统治人才为国家所用，具有两方面的职能。元代继续了科举考试制度。元太宗十年（1238 年），蒙古政权组织了规模可观的首次科举考试，来自整个北方参加考试的儒生众多，仅考试合格者即多达四千余人。后一度中断，元中叶科举制度恢复，自延祐元年（1314 年）始，共举行了十五次科举考试，选拔了一大批卓越人才。

　　主管国子监的元代礼部衙门旧址在明代被改为贡院，坐落于现北京市东城区建国门内，故称"北京贡院"。元代科举考试分为乡试、会试和殿试，北京贡院是会试的考场，也是顺天府乡试的考场。北京国子监和北京贡院共同见证了我国千余年科举制度的兴衰。起源于中国先贤"举贤任能"思想的科举考试制度尽管多有弊端，跟不上时代发展的潮流，但是作为国家政府选拔优秀人才的制度，其积极进步的意义也是明显的：它制约了绝对皇权的力量，避免了政府权力机构被世袭贵族把持，避免了众多次要官职被皇帝或掌握实权的高官所属意的小人瓜分，它代表了中国古代统治者"尊重知识、尊重人才"的态度和公开、公正、公平地选拔官员的意愿，它促使优秀人才通过学习和考试的方法改变自己的地位，维护了国家统治和社会稳定。

北京国子监

　　明代时期北京、南京都分别设有国子监。明永乐十八年（1420 年），首都迁至北京，即将位于南京的京师国子监改为南京国子监，北京国子监则为京师国子监。设在南京的国子监被称为"南监"或"南雍"，而设在北京的国子监则被称为"北监"或"北雍"。

　　1949 年后北京国子监被用作首都图书馆和北京少年儿童图书馆，2003 年图书馆迁出。现在的北京国子监成为中国教育博物馆所在地。

北京国子监大门

北京东城安定门内成贤街及牌坊旧照（现称国子监街）

民国时期北京国子监辟雍殿旧照，殿已荒芜败落，失去了往日的辉煌。

国子监内的辟雍殿

　　北京国子监内的辟雍殿建于清乾隆四十九年（1784 年），是国子监的中心建筑，是中国科举制的象征，是中国古代教育制度的象征。

　　辟雍殿占地 2300 平方米，为重檐黄瓦四角攒尖顶的方殿，屋顶有鎏金大圆球，殿的四周是圆形水池，筑有玉石栏杆，四面有四座石桥，形成所谓"辟雍圈水"的圣境，是北京六大宫殿之一。辟雍古制曰"天子之学"，即皇帝讲学的地方。自乾隆皇帝始，每逢新帝即位都要到国子监辟雍殿做一次讲学，以示中央政府对高等教育的重视。

北京国子监的琉璃牌坊是北京唯一一座专门为教育而设立的牌坊。正反两面横额均为皇帝御题，是中国古代崇文重教的象征。

位于国子监集贤门内的琉璃牌坊，是三间四柱七楼庑殿顶式建筑，建于乾隆四十八年（1783 年）。

琉璃牌坊阳面额书"圜槁教泽"，阴面为"学海节观"，彩画华美，是北京唯一不属于寺院的琉璃牌坊。

北京贡院

元代礼部衙门位于现北京东城建国门内，明朝永乐十三年（1415年），在该址建起了北京贡院，用于由礼部主持的会试考场，顺天府乡试考场也在此。

在古代，凡是献给皇帝的物品叫贡品，会试考场为开科取士之地。各地举人来此应试，就像是向皇帝贡奉名品。贡献人才之处即为贡院。

会试每隔三年举行一次，考取的参加皇帝主持的殿试，殿试中了便成进士，前三名即为状元、榜眼、探花。

科举制度取消后贡院闲置，后逐渐改为官府用房和民房，20世纪90年代被全部拆除。该处位于现今的北京东城贡院东街、贡院西街、贡院头条、贡院二条、贡院三条一带。

1900年的北京贡院明远楼后的考棚。光绪初年来应试的考生多达15000余人。

1900年北京贡院的明远楼。

国子监的设立，标志着国家对培养统治人才的重视，学校管理走向专门化，以适应教育事业大规模发展的需要。自此后，虽经改朝换代，国子监作为贯彻科举制度的"大本营"和"总指挥部"长期存在，直到清末。

清光绪三十一年八月初四（1905年9月2日），光绪帝上谕："著部自丙午科（1906年）为始，所有乡、会试一律停止，各省岁科考试亦即停止。"这宣告自隋代起实行了长达1300年的科举考试制度终结，从此，"废科举、兴学校"，1905年12月，清廷批准成立学部，作为统辖全国教育的中央教育行政机关，作为科举制度象征的国子监自此被并入学部，彻底退出历史舞台。作为会试、乡试的考场，北京贡院也因此闲置，现今文物已荡然无存，只有冠名"贡院"的街道名称似乎在提示着人们这里曾经门庭若市，是当年无数士子梦寐以求的进京赶考的圣地。

始建于明代的
顺天府学

明代自始就重视培育人才，重视科举考试制度的完善，规定只有接受了学校教育取得出身的学子才有资格参加科举考试。"科举必由学校"，从而促进了学校的发展，使明代学校教育的规模与数量远超于以往各个朝代。

明代设立的官学制度分中央官学和地方官学。地方官学按性质划分，可分为儒学、专门学校和社学三类。儒学包括按地方行政区划设立的府学、州学、县学。

明洪武初年（1368 年）建立了大兴县学（今北京市安定门内府学胡同）。永乐元年（1403 年）明成祖朱棣迁都北京，北平府改为顺天府，遂将大兴县学改称为顺天府学。学生选自府、州、县的 15 岁以上、读过"四书"的官员子弟及民间俊秀。学习科目有礼、律、乐、射、数、书等，以为科举的预备。

明代科举制度不仅规定了考试程式，并将八股文（一种有固定结构的命题作文）固定为考试文体，使考试文体标准化，从积极意义来说，这有利于考试选拔的客观公正。外国学者曾评价"中国在鼓励人们发奋努力和奖赏学业成就上设计了最佳的方案"，甚至认为这是一种中国式的民主形式。

明代学校教育受到当局的严格管理，禁锢思想，钳制舆论，加强专制统治。与之相应，明代学校教育的主要内容和重点是学习八股文。它彻底窒息了学生的创新意识和创新思维，封杀了新思想。思想僵化使中国错过了历史发展的机遇，同时它也败坏了士风、学风和社会风气。

清光绪二十九年（1903 年），清政府颁布"奏定学堂章程"，开始建立新式学堂。在科举考试被废除的前夜，顺天府学改为左翼八旗小学堂。后屡次更名，学校转向平民化。

顺天府学

顺天府学，位于现北京市东城区府学胡同，是明、清两代的顺天府府属学校和文庙，保留着众多珍贵教育历史文物。

顺天府学前身为元代所建的报恩寺。明洪武初年（1368年），在此建立大兴县学。永乐元年（1403年），改北平为顺天府，大兴县学改为顺天府学。1369年，朱元璋颁布诏书，要求学校开设礼、律、乐、射、数、书六门学科。学生分为廪膳生、增广生、附学生三类。师生的伙食均由官府供给，"每人日支米二升，柴盐油酱在内"。

因北京有国子监（中央官学）和顺天府学（地方官学），"乃革罢大兴、宛平县学，凡二县生员均属府学。"

顺天府学位于现北京市东城区府学胡同65号，图为顺天府学大成殿外的大成门。

顺天府学的明伦堂

现立于府学胡同小学内的孔子塑像

顺天府学的明伦堂上有卧碑，刻有师生必须遵守的禁例。明伦堂承担着文化与学术研究的功能。

元朝末年府学原址是一寺庙，名报恩寺。1358年，徐达攻克大都，朱元璋下令军队一律不许进入孔庙。报恩寺主持仓皇中把一座木制孔子像立到殿中，并声称这是孔庙，躲避了军队的进入。军队走后庙中的和尚骑虎难下，不得不把这座寺庙改为学校。

顺天府学棂星门

北京市东城区府学胡同小学在改扩建工程中，曾挖出 12 块记载明清年间管理、修缮顺天府学的石碑。碑文详细地记载了当时顺天府学的缘起、教学和建筑等情况，从而使一直以顺天府学作为自己前身的府学胡同小学找到了有力的证明，同时也使原来一些有关传说得到了认证。

12 块石碑现矗立在该小学的校园里。石碑连基座有一丈多高，因一直埋在地下的缘故，石碑整体保存得非常完整，只是有一些碑文已经比较模糊，但依稀可以辨认出碑文的内容。石碑中有 8 块分别是明朝洪武、万历、天启和崇祯年间的，另 4 块分别是清朝康熙、嘉庆和咸丰年间的。这 12 块石碑均是珍贵的历史教育文物。

顺天府学内的文丞相祠是明清两代为祭祀南宋抗元英雄文天祥，将当年囚禁文天祥的土牢旧址扩大改建而成的，至今仍保持着明代的建筑风格。1984 年 10 月开始对外开放。

府学胡同小学内的石碑

府学胡同小学内的文丞相祠

府学胡同小学内的文丞相祠殿后东楼（世传文天祥殉难处）

府学胡同小学内的文庙泮池石桥与大成门

人物链接

文天祥（1236—1283），字宋瑞，一字履善，号文山，南宋庐陵（今吉安）人。南宋末年，朝廷偏安江南，国势弱小，北方蒙古族于1271年结束了内部争夺皇位的自相残杀局面，建立了元朝，接着把侵略矛头直指南宋。1273年，丞相伯颜统20万大军攻下襄、樊，以此为突破口，顺江而下，两年不到，便兵临南宋首都临安的近郊。蒙古兵所过之处，尸横遍野，血流成河，农田荒废，百业凋敝，这是一场空前残暴的野蛮的侵略战争。南宋面临着亡国灭种的严重威胁，文天祥就是在这种形势下出现的抗击侵略的伟大民族英雄。

左翼八旗小学堂 <small>（现北京市东城区府学胡同小学）</small>

清光绪二十九年（1903年）顺天府学东部改为顺天府高等小学堂。清光绪三十一年（1905年）称为左翼八旗小学堂，后一直为小学，多次易名。1934年1月更名为北平市市立府学胡同小学。1949年改为北京市第三区中心国民小学。1958年9月改为北京市东城区府学胡同小学。

府学胡同小学内的文庙大成殿内供奉孔子牌位

北平市第十八小学校门（北京市府学胡同小学前身）

府学胡同小学民国时期学员毕业照

北洋时期学校旧貌

府学胡同小学学校旧貌

府学胡同小学老操场

府学胡同小学解放后教职工合影

20 世纪 50 年代中府学胡同小学学生到校外写生

20 世纪 50 年代，府学胡同小学少先队员响应国家爱国卫生运动号召出发去灭蝇。

20 世纪 50 年代，府学胡同小学少先队员响应国家爱国卫生运动号召，积极灭蝇。图为少先队员在统计灭蝇数字。

1963 年，全国开展了轰轰烈烈的"学雷锋"运动，中小学学生都积极投入到这场运动中。学生们在雷锋精神的感召下，主动培养艰苦朴素的作风和刻苦学习的"钉子"精神，不仅在学校做好事、乐于助人，还到社会上参加为人民服务的公益劳动，对学生思想产生了深刻的影响，影响了一代人。这组照片是当时情况的生动写照。

府学胡同小学学生积极参加劳动，"学雷锋、做好事"，正在帮粮店打扫卫生。

府学胡同小学高年级学生发扬团结互助精神，正在帮助一年级学生打水。

府学胡同小学解放后校园旧貌

　　明代科举制是中国科举制度史上的鼎盛时期，建立了科举定式，将八股文作为一种固定的考试文体，将学校教育牢牢地拴在科举考试体系的指挥棒上。

　　科举考试具有显而易见的应试和禁锢思想的弊端，限制了中国人的思维。但是科举制在考试面前人人平等、机会均等的一些做法，还是具有一定的积极意义，至今值得我们思考和借鉴。实行了千余年的科举制对中国的政治制度和社会生活产生了广泛而深刻的影响，即使在科举制废除之后仍然深刻地影响着中国人的思维模式。在实行中央集权的计划经济体制后，尤其在对抗商品经济的保守思潮重新抬头的过程中，教育制度再次与科举制思维高度吻合，不可遏制的应试教育倾向对社会主义市场经济的发展产生了负面的作用。

　　作为地方官学的顺天府学具有一定的代表性，代表了学校在那段历史时期的状态和境况。科举考试制度对学校教育发挥着导向调控作用，学校只能是应试的工具和科举考试制度的附庸，应试教育严重影响和制约着学校的发展。学校只能以进入国子监学习，通过科举考试入仕做官为教育目标，学校成为科举考试赖以发展的基础。

鸦片战争前的
清代北京东城学校

清朝统治者在入关定都北京后，开始重视发展文化教育事业。顺治十二年（1655年）确定了"兴文教，崇经术，以开太平"的文教政策，崇尚儒家经术，提倡程朱理学，广泛兴设学校，积极发展教育事业，制定各种严厉的学规，加强对各级学校的管理与控制。北京陆续建起了隶属国子监管理的八旗官学，宗人府负责的宗学、觉罗学，内务府负责的咸安宫官学以及世职官学等一批学校，主要招收八旗子弟学生。

清朝官学制度基本沿袭明朝，但也有其特点，主要是重视八旗子弟教育，广泛设立各种名目的旗学。顺治二年（1645年）北京东城开始了学校建设。八旗各立一学，由于北京城区（现北京二环路以内部分）为八旗集中居住区，故东城学校多为八旗子弟学校，有安定门内圆恩寺胡同的镶黄旗官学（后改为前圆恩寺小学，现并入黑芝麻胡同小学）、朝阳门内新鲜胡同的正白旗官学（现新鲜胡同小学）、东四南新开路的正蓝旗官学（现新开路小学）和东单观音寺胡同的镶白旗官学等。

在这一时期北京东城还有社学、义学、私塾学校等。社学从明洪武八年（1375年）始，到雍正年间名存实亡，转为义学。义学时间不长，到乾隆二十三年（1758年），被下令裁撤。

私塾学校东城数量较大，在光绪年间逐步改为私立小学堂，在原东城界内经改良更名为私立小学堂的30所，尚不够小学堂标准的改良私塾2所，未改良的私塾100所。

书院在清代，特别是到了雍正年间有很大发展。北京历史上第一个义学——首善义学，于清乾隆十五年（1750年）改为金台书院，是北京唯一得到保存的书院。

镶黄旗官学 （现北京市东城区黑芝麻胡同小学分校）

清代雍正六年（1728 年）建立的镶黄旗官学位于东城安定门内圆恩寺胡同，后改为前圆恩寺小学，现并入北京市东城区黑芝麻胡同小学，为其分校。学校校园及建筑得到妥善保存，是珍贵的东城教育历史文物。

前圆恩寺胡同小学重新修建后的校门

古朴的前圆恩寺胡同小学校园现保存完好

新鲜胡同小学校门　　　　　　　　　　启功所题新鲜胡同小学牌匾

八旗觉罗官学正白旗觉罗学（现北京市东城区新鲜胡同小学）

清朝时期的觉罗学是专为清觉罗氏子弟设立的学校。始设于清雍正七年（1729 年）。

北京市东城区新鲜胡同小学位于东城区朝内小街新鲜胡同 36 号，此地曾是明朝宦官魏忠贤的生祠，雍正七年立八旗觉罗官学正白旗觉罗学，即设于此。

光绪八年（1882 年）整顿官学，东四旗中其他三旗官学改址，只此学仍在旧址。光绪二十七年（1901 年）改革学制，此学更名为八旗第三高等小学堂。

1949 年 10 月改称北京市市立第一区新鲜胡同国民小学。1951 年 9 月改为东单区中心小学。1953 年 12 月小学设立初中班（1955 年撤销）。1955 年 9 月改为东单区第一中心小学。1958 年 9 月改为北京市东城区新鲜胡同小学。

著名作家李敖曾在此就读。

校友李敖回母校，在旧校舍前与新同学合影。

新鲜胡同小学师生戏剧排练旧照

巴氏觉罗学堂（现北京市东城区前门小学）

前门小学是一所拥有 140 年历史的名校，其前身为建于同治七年（1868 年）的巴氏觉罗学堂，校址位于前门外打磨厂内中段路北的李真人祠，为原崇文区境内最早的公立小学，早期招收的学生多为清朝达官贵人子弟。

清光绪二十九年（1903 年），巴氏觉罗学堂在铁柱宫庙的基础上进行扩建，更名为"铁柱宫学堂"。

1912 年，铁柱宫学堂更名为京师公立第十七小学校，但老百姓仍称它为"铁柱宫小学"。

1915 年，更名为京师公立第十六高等小学校。

1918 年，更名为京师公立第二十四小学校。

1934 年，更名为市立打磨厂小学。

1945 年，校名为北平市第八区中心国民学校，处于京城第八区（打磨厂 152 号）。

1953 年，学校处于京城前门区，该校由此更名为前门区第二中心小学。

1958 年 6 月，市人委撤销前门区（原第六区）建制，前门区东半部划归崇文区。学校由此更名为崇文区第三中心小学。后又多次易名。1996 年定名为前门小学。

悠久的历史赋予了它深厚的传统校园文化，形成了优良的校风。学校百年来培养了大批人才。曾任北京市市委书记的刘淇、著名导演郭宝昌、唐朝乐队主唱丁武等都是从这所百年老校走向自己光辉的未来的。孙毅老将军、冰心老人、原全国人大常委会副委员长雷洁琼都曾为学校题词，勉励师生。

1949 年春北平和平解放，北平市第八区中心国民学校五年级甲班同学表演了话剧《打到南京去，活捉蒋介石》，照片中是参加表演的 8 位小演员。

1955 年，前门区第二中心小学六年级（1）班毕业生穿着整齐的白衬衫，系着红领巾与老师合影留念。

前门区第二中心小学 20 世纪 50 年代师生合影，学生们活泼可爱，朝气蓬勃。

"文化大革命"开始，前门小学老师与学生手捧"红宝书"合影。

京师公立第一中学校校门

宗室觉罗八旗学堂（现北京市第一中学）

北京市第一中学的前身为宗室觉罗八旗学堂，1902 年改为中小学堂，1904 年改为高等学堂。

1912 年民国之初，蔡元培任教育总长时将其命名为京师公立第一中学校。

1949 年 4 月，人民政府接管，定名为北京市第一中学，简称北京一中。

京师公立第一中学校校门侧影

现存于北京市第一中学的两座石碑是 1894 年为纪念经正书院落成始立的，后被置放于亭内妥善保存。

现存于北京市第一中学的两座石碑

第一块石碑正面

第二块石碑背面

人物链接

徐楚波

徐楚波（1896—1982），字步湘，河北威县人，人民教育家。

1938年，徐楚波到北京师范大学附属女子中学任教，此后，又相继在北平市立一中、辅仁中学、大同中学、成达中学等校任教。后参加共产党领导的"人民教育工作者联盟"，一面从事教学工作，一面从事民主革命活动。

1949年4月11日，人民政府接管北平市立第一中学校，定名为北京市第一中学，徐楚波任校长、张幼成任党支部书记、李世廉任教导主任。

徐楚波直到1976年80高龄时才卸任，成为北京一中的名誉校长，还经常到校指导工作。

1982年7月10日，徐楚波在北京病逝，终年86岁。

张幼成

张幼成，1949年2月毕业于清华大学。受党组织委派到北京一中做政治教员，先后担任教导主任、党支部书记工作。1956年以后主抓全区教学工作，筹建区教研室、区教研中心。1958年成立东城区教育局，先后担任副局长、局长职务。"文化大革命"后担任主管文教卫工作的副区长，离休前，担任东城区政协主席。

京师公立第一中学校校园中的息游院。息游院建于 1914 年 8 月，为学生浴室。

京师公立第一中学校学生浴室内部格局

京师公立第一中学校学生宿舍大门

京师公立第一中学校学生宿舍全景

京师公立第一中学校图书馆内部景象

京师公立第一中学校学生在图书馆内认真学习

京师公立第一中学校全体学生参加十分钟课间体操

京师公立第一中学校学生篮球队合影

1935 年秋，京师公立第一中学旅行团参加"北平市学生校外旅行团"的部分学生合影。

1935 年秋,京师公立第一中学部分学生参加"北平市学生校外旅行团"在西郊温泉的演出,演出内容为《放下你的鞭子》。

建国后，北京市第一中学的学生从西直门外车道沟的一中农场劳动完毕，运菜回校。

1950 年，北京市第一中学部分教师欢送首批抗美援朝学生入伍。

1951 年，北京市第一中学的教职员工欢送参军参干的同学并合影留念。

北京市第一中学原是男校，1958 年起首招女生。图为 20 世纪 60 年代北京市第一中学初中女生班部分学生合影。

左翼宗学 （现北京市第二中学）

北京市第二中学最早为清朝左翼宗学，宗学是专为清宗室子弟设立的学校。顺治十年（1653 年），八旗各设宗学，凡宗室子弟，年满十岁以上者都入学学习，雍正二年闰四月初五（1724 年 5 月 27 日），左翼宗学始建。

1905 年，左翼宗学改名为左翼八旗第五初等小学堂，1910 年进而改为左翼八旗中学堂。辛亥革命废除了宗室学校，1912 年左翼八旗中学堂改为京师公立第二中学。此后，先后更名为北平特别市市立第二中学、北平市市立第二中学、北京市市立第二中学等。

1949 年 4 月 1 日，人民政府接管二中，从此二中揭开了崭新的一页。为纪念学校的新生，4 月 1 日被定为二中校庆纪念日。不久，校名正式命名为北京市第二中学。

1943 年 4 月的北京市市立第二中学老校门

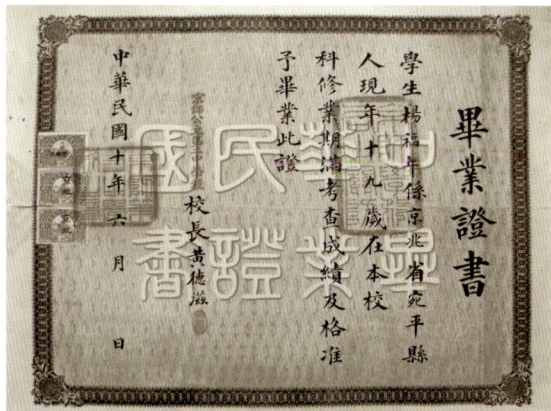

黄德滋校长签发的 1921 届学生毕业证书

37

1922年，北平特别市立第二中学校第十八级的毕业师生合影。

北平市立第二中学初级第五十一级毕业师生合影

北京市第二中学老校址的教室

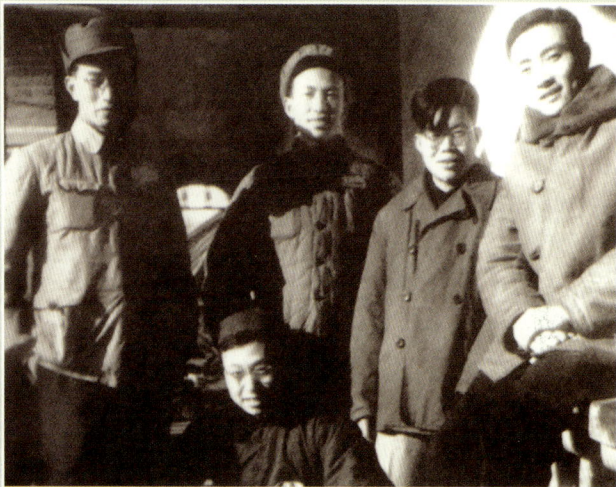

1949 年 4 月北京二中学校领导合影。右二为校长薛成业、右一为教导主任蔡公期、右五为教导员陶棨。

人物链接

薛成业（1917—1997），河北省唐山市人。中共党员。北京私立辅仁大学史学系毕业。中共北平中小学地下组织负责人。曾任北京私立艺文中学教员。1949 年 3 月至 1950 年 1 月任北京二中校长。此后任北京市教育局副局长、北京师范学院院长、北京教育学院院长等职。

蔡公期，1922 年出生，北京人。中共党员。燕京大学毕业，清华大学研究院肄业。在中共地下党的领导下参加学生运动。历任北京二中党支部书记、教导主任、副校长、校长，北京市教育局体育卫生科长，北京市第二十六中学（现汇文中学）校长，原崇文区教育局局长，中国教育学会常务理事、党组成员兼秘书长。

陶棨（1921—1975），江苏省镇江市人。中共党员。成都燕京大学、北京清华大学研究院学习，在中共地下党的领导下参加学生运动。1949 年 4 月至 1950 年 2 月任北京二中教导员、政治教员。此后任北京第二十六中学（现汇文中学）副校长、校长，北京第三十一中学副校长、校长。1958 年被错划为"右派"，"文化大革命"后平反。

1949年6月，北平市市立第二中学校的学生在校门口合影。

1949年，学生在北京市第二中学校园内东侧的水塔前合影。

1949年春天北平和平解放时，在北京市第二中学校门前庆祝解放的师生。

1949年11月，北京市第二中学学生合影。

20 世纪 50 年代，北京市第二中学的旧楼。

20 世纪 50 年代，北京市第二中学旧楼东边的宿舍。

20 世纪 50 年代，北京市第二中学老校址的旧楼和西亭子教室。

北京市第二中学在欢送参加军校同学联欢大会上，历届少先队辅导员合影。

北京市第二中学校长薛成业与1952届学生合影

1954 年，北京市第二中学少先队大队委员会合影。

北京市第二中学 1953 届高三（2）班部分学生民兵合影

建国后，政府和教育局高度重视发展校外教育，"少年宫""少年之家""校外活动站"蓬勃兴起，形成网络，普及与提高相结合，吸引了众多少年儿童参加，对他们的成长和一生都产生了深刻影响。图为1955年，北京市第二中学优秀少先队员和积极分子在"少年之家"门前合影。

1955年，北京市第二中学优秀少先队员合影。

20世纪50年代，北京市第二中学少先队组织了很多课外科技小组，图为红领巾气象站在开展活动。

北京市第二中学 1959 届初中班学生在校门口合影

北京市第二中学 1961 届学生在校门口合影

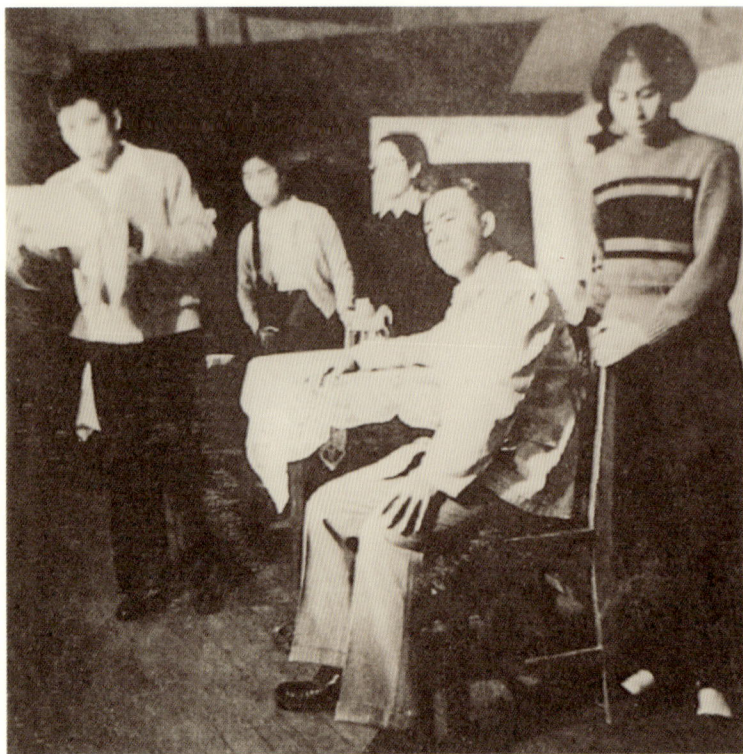

20 世纪 60 年代，北京市第二中学学生表演话剧《年轻的一代》。

1964 年，毛泽东等党和国家领导人接见北京市第二中学参演《东方红》的成员。

参演《东方红》的北京市第二中学师生

首善义学（现北京市东城区金台书院小学）

学校的前身是清朝名将洪承畴的赐园——洪庄，位于现北京市东城区东晓市。清康熙三十九年（1701年）由京兆尹钱晋锡在此创办了北京历史上第一个义学——首善义学。

义学最初设在京师，教师称塾师。后来各省府、州、县纷纷设立义学，成为孤贫童生，或苗、黎、瑶等族子弟优异者接受教育的机构。

清乾隆十五年（1750年），首善义学经过大规模的修缮扩建，改名为金台书院。同治十三年（1874年），应试学子陆润庠金榜题名中了状元，金台书院也因此得名"状元府"。

金台书院隶属顺天府官署管理，所收学员主要是京师和各省准备参加会试、殿试的举人和贡生，但顺天府的童生亦可就读。书院主持人多为名士。

金台书院是北京历史上二十多座书院中唯一保存下来的书院。1984年8月，金台书院被列为北京市重点文物保护单位。

清光绪三十二年（1909）年金台书院废科举停办后，改办公立顺直中学堂，民国四年（1915年）京师公立第十六初高级小学校迁入金台书院址。1934年改名为北京市立东晓市小学校，后多次易名。2011年7月1日，正式更名为北京市东城区金台书院小学。从首善义学到金台书院小学，风云变幻三百载，书香不断。

清乾隆十五年（1750年）顺天府撰写碑文《金台书院记》

金台书院鸟瞰

金台书院门面

金台书院前院

金台书院东课堂

金台书院西课堂

金台书院中课堂

金台书院后课堂

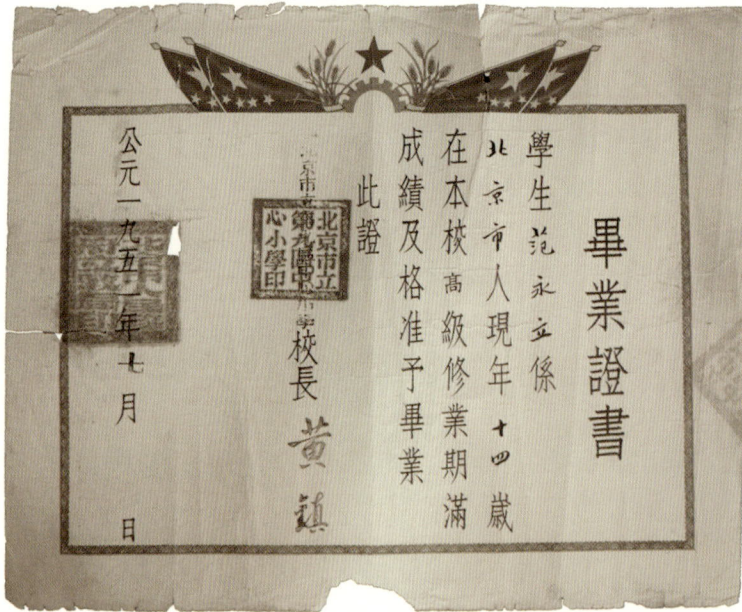

金台书院曾于1949年至1951年
改名为北京市立第九区中心小
学,图为校长黄镇颁给学生的毕
业证。

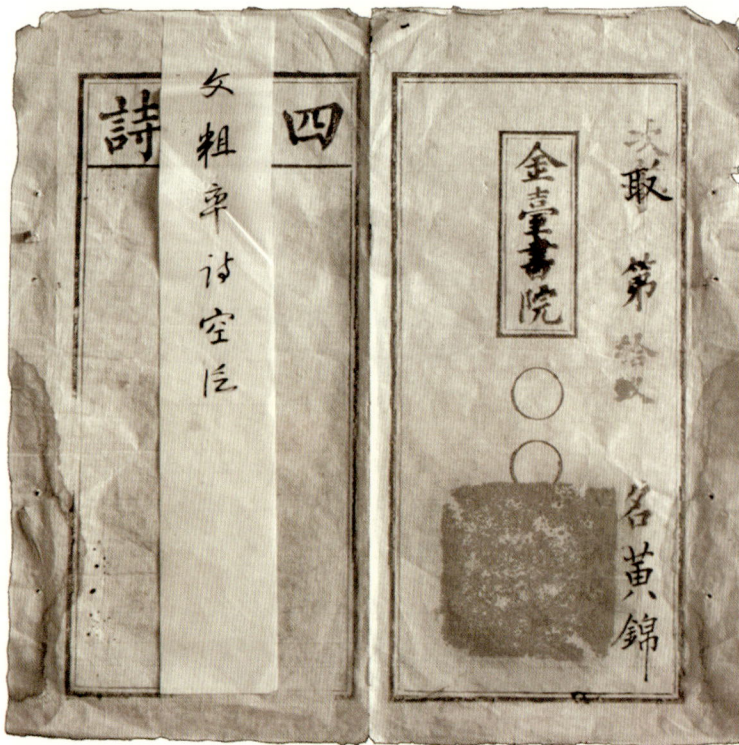

金台书院学员成绩单

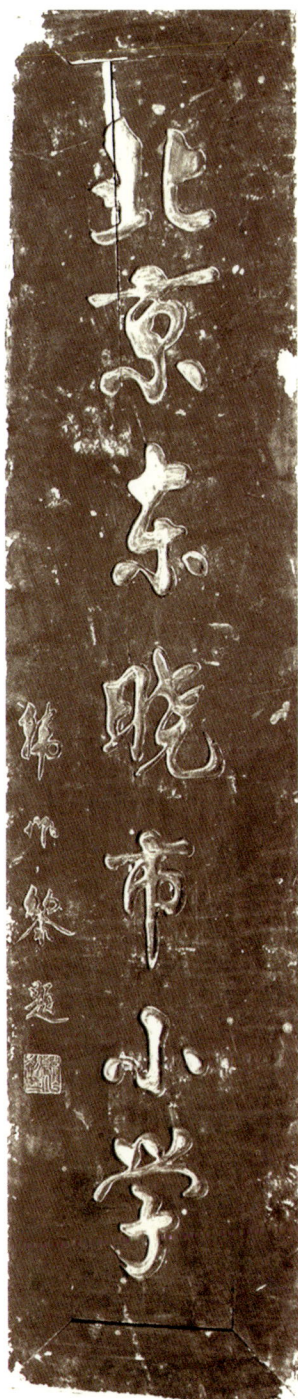

1939 年，北京市立东晓市小学毕业生送给郑维杰校长和彦东老师的铜匾，上书"铁肩担教育，笑眼看儿童"。

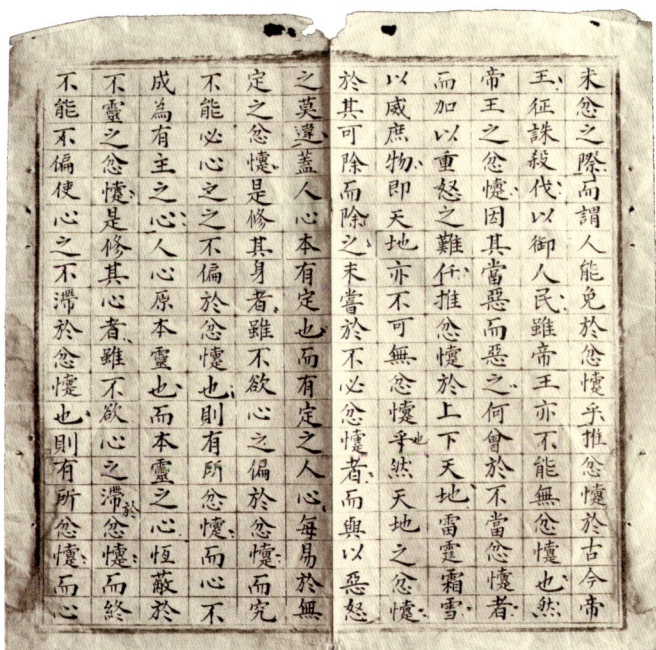

北京东晓市小学校牌

金台书院学员书法作品

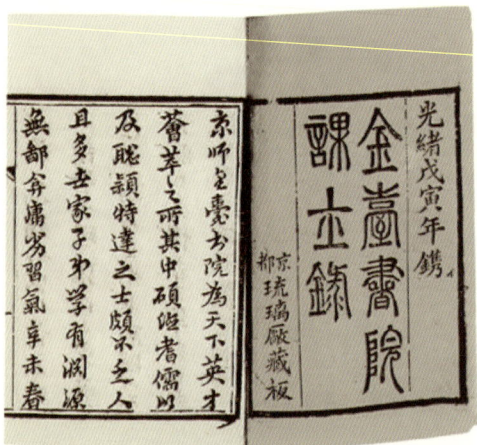

张集馨的《金台书院课士录》

曾在金台书院授课的张集馨在他的《金台书院课士录》全集序言中说"余忝居金台书院讲席匆匆数十载","每课诗赋必有佳作积而成轶","日久恐致散乱",故而收集整理。

人物链接

张集馨,字椒云,江苏仪征人,嘉庆五年(1800 年)生人,道光九年(1829年)己丑科举进士第二甲二十二名,改翰林院庶吉士,取得了清代官场最高级的"出身"。

道光十六年五月(1836 年 5 月),受道光皇帝"特简",张集馨外放为山西朔平知府,此后在福建、陕西、四川、甘肃、河南、直隶、江西等省历任知府、道员、按察使、布政使、署理巡抚等职,直到同治四年(1865 年)被劾革职为止。沉浮宦海三十年,可谓尽阅官场百态。

这一时期学校广泛发展的同时也产生了令人耳目一新的教育思想,特别是黄宗羲、王夫之、颜元所代表的实学教育思潮,强调学校要培养"实才实德之士",重视学习包括自然科技知识、军事知识和技能在内的学问,强调"学贵实行""学贵适用"等联系实际的教育教学原则和方法。实学教育思潮站在时代发展的前沿,抨击了传统教育,是中国古代教育理论向近代发展的中间环节,对中国近代教育思想的产生和教育早期现代化的发展,产生了积极的启蒙作用。

教会学校在北京东城的
建立与演变

19世纪初，西方世界为了殖民扩张的需要，为使中国基督教化，开始在中国兴办学校，传播西学，从沿海向内地逐步扩张，19世纪中叶进入北京。教会学校是中国传统教育向近代教育过渡的促进因素。教会学校与洋务学堂被并称为新式学堂，但教会办学的整体规模大于洋务教育的规模。

当时在北京东城比较著名的是1864年基督教公理会派遣来京的伊莉莎·贝满夫人开办的贝满女学。这是华北第一所女子学校，后发展为贝满女中（现北京市第一六六中学）。随后北京东城又陆续出现一批教会学校，包括幼稚园、小学、中学、大学。教会学校到民国时期在北京东城学校都占有很大的比重。

19世纪末，美国基督教长老会传教士在北京东城安定门内创办思安幼稚园，成为北京市第一个学前教育机构。光绪二十九年（1903年），基督教公理会在灯市口办了一所幼儿园，1905年，该园迁至王府井大街大鹁鸽市胡同，命名博氏幼稚园，现为东华门幼儿园小班部。

到1933年，原东城区界内幼稚园增加为8所，其中教会办的5所（博氏幼稚园、育英美丽幼稚园、崇慈女中附设幼稚园、慕贞小学附设幼稚园、汇文幼稚园），私立、公立共3所。

教会学校是近代中西方文化交流的产物，带有近代教育的特征。在北京首开学前教育、突破了中国社会"女子无才便是德"的传统观念首开女子学校、为使毕业生在知识结构上符合新式教育的需要首开新兴学科及分科教学，教会学校在诸多方面展示了新的人文观念和教育思想，成为了中国人观察和学习西方教育的"窗口"，推动中国人解放思想、更新观念。

教会学校毕业生成为洋务运动时期乃至维新时期、清末新政时期教师的重要来源，为教育改革培训了师资，促进了中国传统教育向近代教育的转折，加速了中国社会进步的节奏。

贝满女子中学（现北京市第一六六中学）

北京市第一六六中学始建于1864年，历史悠久。该校创立者是美国人伊莉莎·贝满夫人，她于1864年受美国基督教公理会的派遣来京，突破了中国社会的传统观念影响，创办了贝满女子小学，后发展为贝满女子中学，首招女子入学，是北京第一所女子学校。校址位于东城区大鹁鸽胡同。

该校历经贝满女子中学、协和女子大学、燕京大学女校、女四中、女五中等名称，1952年9月学校更名为女十二中，1971年改名为北京市第一六六中学。

伊莉莎·贝满夫人，女中学校的创立者。

麦美德教授，贝满女中校舍重建后的第一任校长。

管叶羽，贝满女中第一任中国校长。

贝满女中的老校钟

贝满女中时期具有民族风格的老校门

贝满女中的训怀堂

贝满女中的紫罗轩

贝满女中校园鸟瞰

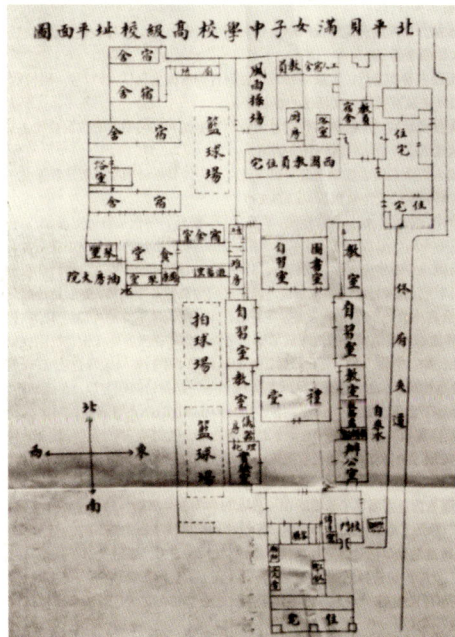

贝满女中的手绘平面图

贝满女中的大礼堂

贝满女中的学生宿舍

贝满女中的校舍

贝满女中的书库

贝满女中的餐厅

贝满女中的教室

贝满女中的教学楼及楼前优美的校园环境

20 世纪初辛亥革命前，贝满女中的学生合影。

1917 年，贝满女中入学的新生合影。

贝满女中学生在教室内上课

贝满女中举行的赈灾音乐大会

1929 年，贝满女中全体教职员工合影。

20 世纪 30 年代，贝满女中学生正在参加课外小组活动。

贝满女中 1938 届学生在课余时间认真学习武术动作

1941 年，贝满女中被日伪当局接管，改为"女四中"，这张照片是贝满女中历史上"最后一班"留下的珍贵集体照。

贝满女中 1942 届学生演出话剧《阴谋与爱情》

贝满女中 1942 届学生在进行排球比赛

贝满女中 1945 届的初中
学生在上语文课

贝满女中 1945 届学生为校长庆祝 66 岁大寿时留影

贝满女中、私立育英学校联合歌咏队于 1947 年 5 月 16 日在公理会教堂前合影留念

贝满女中 20 世纪 40 年代的老校园

1947年5月20日，全市大中学生发起"反饥饿、反内战、反迫害"大游行活动，贝满女中高中部200余名学生冲出校门，高举贝满女中的大横幅，沿路高喊口号，自始至终地参加了震惊全国的爱国游行活动。

贝满女中学生在校园留影

贝满女中学生在校园内的草坪上合影

贝满女中部分同学郊游
时留影

贝满女中同学秋游长城时留影

1949 年初，贝满女中欢送南下工作的同学时合影留念。

1949 年，贝满女中学生欢送同学参军南下。

贝满女中参军南下的同学合影留念

1949 年 7 月，贝满女中 1949 届毕业生在全校毕业典礼后手持毕业证书在初中部公理会大礼堂前师生合影。师长们在最后一排，为他们培养的学生送别。

贝满女中全校师生为庆祝新中国成立而载歌载舞，扭起秧歌。

建国初期，贝满女中的秧歌队队员合影。

1949 年，贝满女中学生在学校物理实验室前与老师合影。

贝满女中部分同学合影

1949 年，贝满女中党支部成员及部分同学在宿舍前合影。

贝满女中部分同学合影

贝满女中部分同学在学校藤萝架下合影

1952 年 11 月，苏联艺术团著名芭蕾舞演员乌兰诺娃访问北京市第十二女子中学。

1953 年，北京市第十二女子中学与北京市第二十五中学的合唱团在天桥剧场演出。

北京市第十二女子中学 1954 届学生组成的地质课外小组到野外红山口活动

1954 年"五四"青年节，渡江侦察英雄蓝洪贵在北京饭店向北京市第十二女子中学的同学讲述渡江侦察战绩。

私立育英学校 （现北京市东城区灯市口小学、现北京市第二十五中学、现北京市第六十五中学）

清同治三年（1864年），美国基督教公理会在北京市东城区灯市口附近开设了一所男蒙馆，后定名为私立育英学校，包括小学部、中学部。

1912年，学校确立了七年制小学、二年制中学学制。

1928年，学校将东城区油坊胡同的小学部，称为第二院，原址改为初中部，称为第一院。

1930年，设立年制中学，并在骑河楼修建了体育场和宿舍，称为第三院，学生人数达1200余人。

1933年，冯玉祥为学校题词："国家兴亡，匹夫有责，寇深事急，山河袭破，育英同学，救亡情迫，举办年刊，如终军策。"

1941年1月，日伪教育局将学校改归市辖，更名为"八中"。

1945年10月10日，宣告复校。

1952年由党和政府接管，转为公办学校，改名为北京市第二十五中学。

1955年学校高中部独立设校，成为北京第一个纯高中校，取名育英中学，后改为北京市第六十五中学。

同年，小学部独立，定名为北京市东城区灯市口小学。

育英学校的校门和校牌

育英学校的老校园

人物链接

胡适（1891—1962），字适之，安徽省绩溪人。中国著名哲学家、思想家、学者。1917年初在《新青年》上发表《文学改良刍议》，反对文言文，提倡白话文，主张文学革命。同年7月从美国回国，任北京大学教授。参加编辑《新青年》，发表新诗集《尝试集》，为当时新文化运动的著名人物。提出"多研究些问题，少谈些主义"，倡导"大胆假设，小心求证"的研究方法和"认真的做事，严肃的做人"的为人之道，影响颇大。1938年任驻美国大使，1946年任北京大学校长。1948年去美国，后去台湾。1962年2月24日于台北病逝。

胡适于1936年至1937年任育英学校董事。

育英学校的校园全景

育英学校的教学楼

育英学校的学生在实验室

辛亥革命时期的革命领导人孙中山、黄兴到育英学校进行演说，于校门口合影留念。

1930年春,育英学校举办运动会时学校操场的全景。

1934年,首次北平市中学毕业会考,育英学校的两名学生分获高中组、初中组个人冠军。"双元匾"是育英学校的荣誉和骄傲。

北京市第六十五中学首届"皮克班"(以德意志民主共和国首任总统威廉·皮克命名)的师生合影

汇文大学堂 （现北京市汇文中学、现北京市东城区汇文第一小学）

北京汇文中学始建于清同治十年（1871 年）。美国基督教美以美会立教堂于崇文门内船板胡同，附设蒙学馆一所。

1884 年，在蒙学馆的基础上设立怀理书院。

1888 年，增设大学部，更名为汇文书院。

1904 年，更名为北京汇文大学堂。当时包括小学部、中学部和大学部。

1912 年民国肇建，又改为汇文大学校。

1918 年，汇文大学、华北协和女子大学、通州协和大学合并，组建为燕京大学，1926 年迁到海淀区今日北京大学校址。原崇文门内船板胡同的校址转给汇文小学和汇文中学。

1919 年 5 月 4 日，汇文中学师生参加中国近代史上具有划时代意义的"五四"运动。

1927 年 6 月，变更校名为京师私立汇文中学，开创教会学校在中国政府立案之先声。

1928 年，更名为北平私立汇文中学。

1929 年，著名教育家蔡元培到访学校，引《中庸》原句将学校校训题为"好学近乎智，力行近乎仁，知耻近乎勇"，并以此书赠汇文中学。

1941 年 9 月，学校更名为北京市汇文中学。

1942 年，北京市汇文中学被改名为北平市立第九中学。

1945 年日本帝国主义投降后，学校恢复北平私立汇文中学校名。

1952 年 9 月，学校由北京市人民政府接管，改名为北京市第二十六中学。学校从一所私立学校改为公立学校，办学性质发生了根本变化。

1958 年，新建北京火车站，占用了汇文学校部分校址，中学迁至崇文区培新街 6 号。

1989 年 4 月，经北京市政府批准，学校更改校名为北京汇文中学。

2011 年 9 月 10 日，北京汇文中学隆重庆祝建校 140 周年。

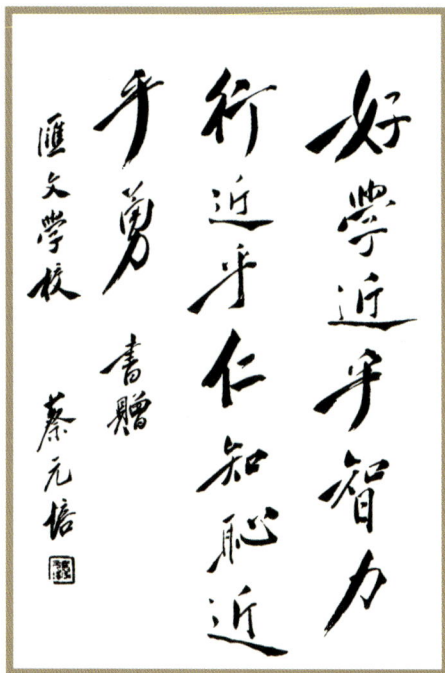

蔡元培书赠汇文学校的《中庸》原句

北京市东城区汇文第一小学始建于清同治十年（1871年），当时名为培元斋。清宣统三年（1911年）更名为汇文小学。1978年更名为北京市东城区丁香胡同小学。2010年12月23日，丁香胡同小学正式更名为北京市东城区汇文第一小学。

汇文一小保留在汇文学校原址，汇文学校德厚斋、高林斋等建筑至今仍保留在汇文一小。著名的"故事爷爷"孙敬修曾在这里工作35年。

国学大师启功曾在汇文小学、汇文中学就读。

北京市东城区汇文第一小学始建校名"培元斋"

人物链接

孙敬修（1901—1990），北京人，中国著名儿童教育家、讲故事专家。

1921年毕业于京兆师范学校。曾任北京汇文第一小学教师。中华人民共和国成立后，任北京市少年宫辅导员。1980年加入中国共产党。1987年获"全国热爱儿童荣誉奖"。

孙敬修长期悉心钻研儿童心理及儿童语言，在学校、中央人民广播电台给儿童少年讲了几十年故事，被孩子们称作"故事爷爷"。著有《怎样给孩子讲故事》《故事爷爷讲的故事》《孙敬修演讲故事大全》等。

孙敬修在认真辅导青年教师

孙敬修在给北京市东城区汇文第一小学的学生讲故事

孙敬修爷爷在同学们面前总是那样和蔼可亲

孙敬修爷爷和同学们亲切地交谈

和孙敬修爷爷在一起，同学们总是那样开心。

北京市东城区汇文第一小学晚清时期祝椿年题字

北京市东城区汇文第一小学民国时期旧照

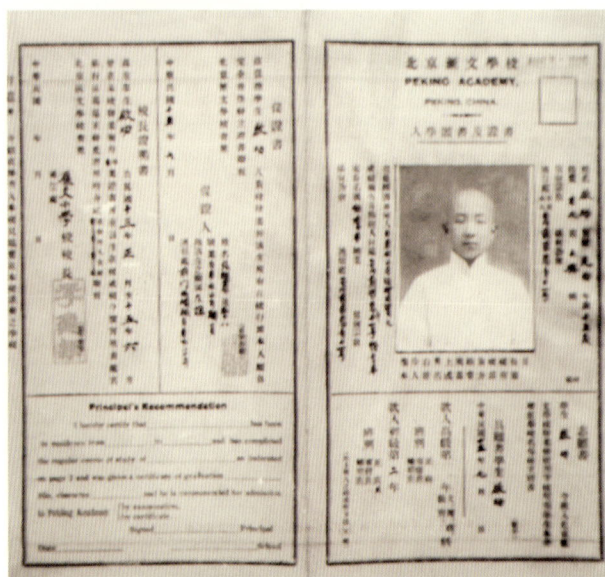

启功当年在北京市东城区汇文第一小学就读的入学通知书

汇文学校大门

汇文学校校钟（老校钟铸造于光绪二十三年前，原为美国基督教美以美会教徒赠送北京亚斯里教堂的，后送给汇文做校钟，故上面存有英文铭文）

汇文学校祥和图书馆

汇文学校祥和图书馆建于 20 世纪初。后来汇文学校部分场地建筑成立了北京市第一二六中学，祥和图书馆保留在第一二六中学校内。2003 年因北京火车站西扩，学校被撤销，场地被占用，包括祥和图书馆在内的校舍被拆除。

汇文学校校园雪景

汇文学校西园

汇文学校老校园（一）

汇文学校老校园（二）

汇文学校学生在操场上做操

汇文学校安德堂（1902 年修建）

汇文学校安德堂侧影，此为讲堂，取名安德是为了
纪念前校长李公，故以其讳名之。楼高四层。

汇文学校德厚斋于 1905 年修建完成，是汇文学校的教室。

汇文学校德厚斋侧影，位于汇文学校讲堂之北，
此楼房为美国人德厚所捐筑，现完好保存于北京
汇文一小校内。

汇文学校高林斋于 1913 年修建，1935 年"一二九"运动时姚依林（后任中共中央政治局常委、国务院副总理）曾在此指挥学生运动。现完好保存于汇文一小校内。

汇文学校高林斋侧影，当时为学生最大最新之寄宿舍，是美国高林先生所捐筑。位于讲堂西，共四层。现完好保存于汇文一小校内。

汇文学校德本斋，为学生寄宿舍，位于讲堂之东，是美国德本先生所捐，故得其名。楼房共三层。

汇文中学学生参加"五四"运动

1927 年汇文校园一景

1927年，汇文学校举行"三一八"惨案唐谢烈士悼念会。

1927年汇文学校商科学生合影

1927 年的汇文学校初中足球队

1927 年的汇文学校排球比赛

1927 年的汇文学校西乐团

1927 年，汇文学校校长高凤山在办公室。

1932 年，汇文中学足球一队获得北京地区高等院校联赛冠军。

1932 年，在汇文学校餐厅就餐的学生。

1932 年汇文学校早期打字教室

1932 年汇文学校早期高三理科化学实验课

1932 年汇文学校早期高三理科生物实验课

1932 年汇文学校早期物理实验室

1932 年汇文学校早期高三商科打字课

1937 年汇文学校初二年级同学会

北平汇文学校时期学生入学愿书及证书

汇文学校学生在练习武术

汇文学校学生早期高中网球双打冠军

汇文学校早期体育馆

汇文学校练武场

汇文学校早期学生摄影社

汇文学校早期图书馆

1930 年汇文学校校园全景

1947 年汇文学校校园全景

燕京大学迁址后留给汇文学校的纪念钟

燕京大学

汇文学校老校园内"三一八"纪念碑

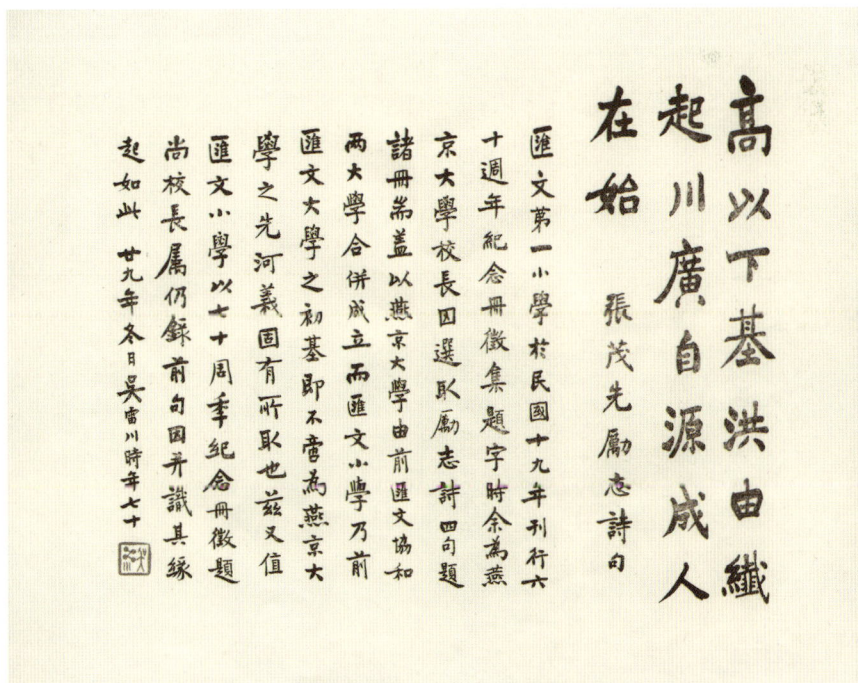

燕京大学校长吴雷川给汇文小学的题字

1950 年汇文学校学生在上课间操

北京市东城区汇文第一小学（丁香胡同小学）的"全国三八红旗手"、劳动模范吕宪贞老师率领学生在街头做大扫除

1955 年，"吴运铎班"成立时，班长李雪诗带领全班同学宣誓。20 世纪 50 年代汇文学校开展了争创"英雄班"活动，推动了学校爱国主义教育。

汇文学校"吴运铎班"全体同学与到会的校领导、老师以及女十三中学高三（1）班、高二（3）班和四十中学高三（1）班同学代表合影

1930 年的慕贞女中老校门

慕贞女子中学（现北京市第一二五中学）

北京市第一二五中学始建于 1872 年，初为慕贞书院，后称北京慕贞女中，是中国最早的教会女中之一，与贝满、育英、汇文并称京城"四大教会名校"。

校名几经更改，1941 年定名为北京市立第五女子中学，1951 年改名为育新女子中学，1952 年更名为北京市第十三女子中学，1972 年更名为北京市第一二五中学。

1920 年，慕贞女中毕业生合影。

1939 年，慕贞女中的鸟瞰全景图。

1935 年，慕贞女中获北京市中学歌唱比赛团体冠军和个人
总分第一的校合唱队合影。

慕贞女中连获三年北京市运动会冠军的校篮球队合影

慕贞女中学生在生物实验室内学习

1939 年，慕贞女中学生课余时间拥挤在图书馆学习。

1942年，北京市立第五女子中学校第一级高中毕业学生合影。

20世纪40年代，慕贞女中同一宿舍的毕业生全部考上辅仁大学、燕京大学后合影留念。

慕贞女中在每年新生入学的这一天，由大班学生去结识一位新生做为姐妹，并把这一天定为"姐妹节"。图为1941年胡亚美结识的一位新生小妹妹。

人物链接

胡亚美，中国工程院院士、儿科血液学专家、曾任北京儿童医院院长、现任北京儿童医院名誉院长、教授、中华医学会副会长。

1946 届慕贞女中的毕业生合影留念

1952 年，北京市私立育新女子中学学生合影。

崇慈女子中学校 （现北京市第一六五中学）

北京市第一六五中学始建于 1870 年，由美国基督教长老会创办，原名崇慈女子中学校，是北京东城一所百年老校。

1952 年 9 月由人民政府接管，改名为北京市第十一女子中学。

1972 年改名为北京市第一六五中学。

崇慈女子中学校校园内垂花门

崇慈女子中学校校门入口

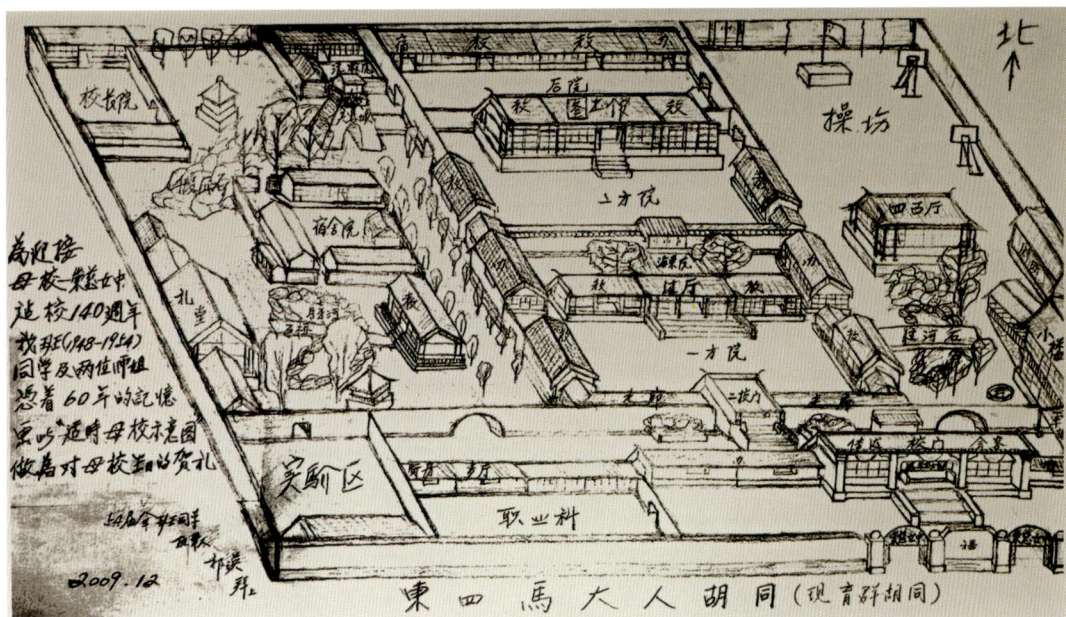

校友绘制的崇慈女子中学校校园全景示意图

崇慈女子中学校礼堂

崇慈女子中学校礼堂院内

崇慈女子中学校图书馆

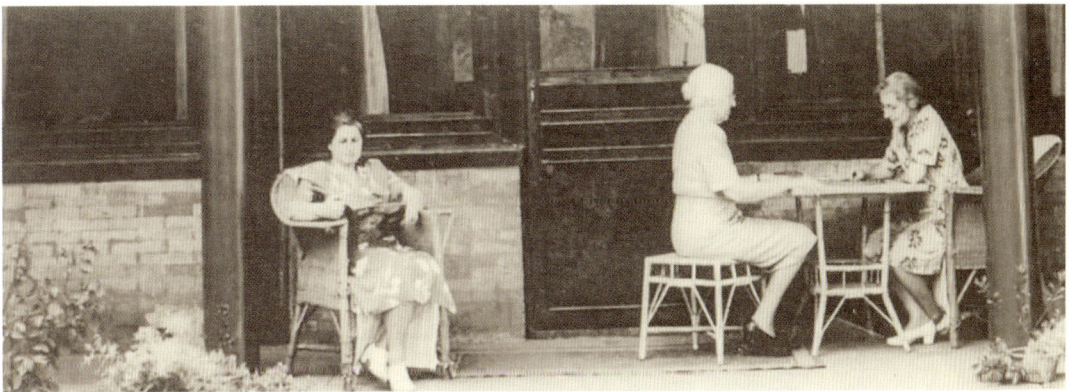

崇慈女子中学校早期的外籍教员

20 世纪 30 年代，崇慈女子中学校运动会开幕式。

20 世纪 40 年代，崇慈女子中学校教师合影。

建国初期，崇慈女子中学校学生在演出。

崇慈女子中学校诗歌班

崇慈女子中学校学生缝纫课

1952年，崇慈女子中学更名为北京市第十一女子中学，图为参加建设祖国西北的学生合影留念。

1955年，北京市第十一女子中学垒球队队员。

1955年，北京市第十一女子中学诗歌音乐表演会。

1956 年，北京市第十一女子中学运动会跳高比赛。

1956 年，北京市第十一女子中学少先队队员大会。

1956年，北京市第十一女子中学学生勤工俭学修理自行车。

1956年，北京市第十一女子中学学生在学校印刷车间劳动实践，学习生产技能。

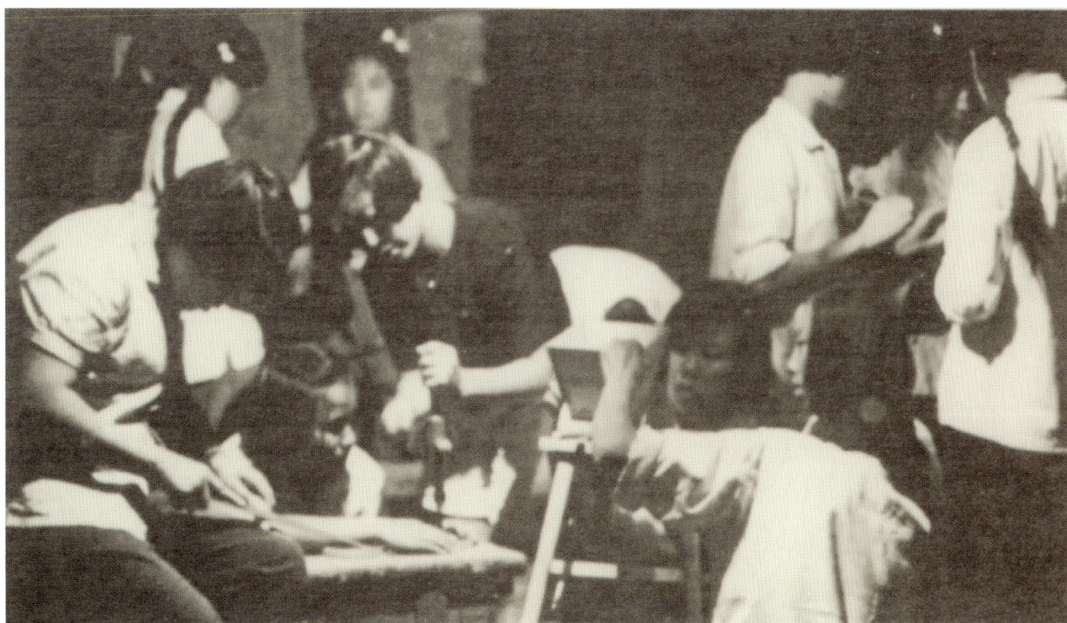

1958 年，北京市第十一女子中学师生响应"大跃进"号召，积极参加生产劳动，在夜间赶做教具。

20 世纪 60 年代初，北京市第十一女子中学学生参加生产劳动锻炼，在橡胶厂溶化车间制作轨道垫。

北平私立崇实中学 （现北京市第二十一中学）

北京市第二十一中学的前身为北平私立崇实中学，由美国牧师丁韪良博士于 1865 年创立，1952 年改为北京市第二十一中学，是一所普通完全中学。

丁韪良（William Martin，1827—1916），字冠西，美国基督教北长老会派至中国的传教士，在中国生活了 62 年（1850 年至 1916 年，其间有四年时间不在中国）。丁韪良曾在京师同文馆教授英文、国际法等课程，后任总教习。

1898 年 12 月 31 日，京师大学堂正式开学，在李鸿章推荐下，光绪皇帝任命丁韪良为京师大学堂首任西学总教习，授二品顶戴。当着全体中外来宾的面，丁韪良向孔子鞠躬，因此，在不少西方人眼里他成了西方教会的叛徒。丁韪良精通中国语言和文学，对晚清中国社会有细微的观察和独到的见解，是清末在华外国学者中首届一指的"中国通"，著有《汉学菁华》和《中国觉醒》等。

丁韪良作为一个亲历者对科举制及其废除过程提出了独特的见解，他认为，科举制体现了公平的精神，可以选拔更优秀的人才，缺点是考试的内容太狭窄。崇实中学的创始人丁韪良博士认为如果不是轻率地废除科举制，而是将现代知识放进考试的内容里并改变死记硬背的考试方法，鼓励中国学子在继续学习中国传统文化的同时努力学习现代知识，更有利于造就一个真正中西合璧、新旧兼备的文明。科举制的废除使得传统文化骤然中断，学子们纷纷另寻出路，仓促学来的西方知识又一知半解，最终酿就了彻底否定传统文化的激进主义倾向。

丁韪良是中国近代教育史上的重要人物之一。他的西方基督教立场和他对中国历史文化的看法，使他成为颇受争议的历史人物。但他的一些观点也应该引起我们的深思。

崇实中学的创始人丁韪良博士

崇实中学校旗

北京市第二十一中学校旗

崇实中学鸟瞰图

博氏幼稚园 <small>（现北京市东城区东华门幼儿园小班部）</small>

光绪二十九年（1903 年），基督教公理会在灯市口办了幼稚园一所，招收幼稚生 15 名。1905 年，该园迁至王府井大街大鹁鸽胡同，命名"博氏幼稚园"，收托 5 岁至 6 岁幼稚生 45 名。

1942 年，日伪接收博氏幼稚园，改名为市立大鹁鸽幼稚园。1945 年，抗日战争胜利，大鹁鸽幼稚园恢复原名为博氏幼稚园。经多次改名后，1976 年改名为北京市东城区王府井大街幼儿园。

2004 年，王府井大街幼儿园并入东华门幼儿园，名为东华门幼儿园小班部。

幼儿园校门

教会学校对中国近代教育的发展，包括对北京东城近代学校的兴起产生了重要影响。但是包括北京东城的教会学校在内，没有一所在中国政府立案，它是以武力开道，以不平等条约为保护推进发展的，是近代中国半殖民地国家地位在教育上的反映，是国家教育主权不能独立的表现，清代一直未将其纳入到国家教育体制内。直到 20 世纪 20 年代中期，中国教育界掀起了一场轰轰烈烈的向在华基督教机构收回教育权的运动，推动了教会学校的本土化和世俗化变革。

近代教育在北京东城的
兴起与发展

清代洋务运动时期，近代教育萌生。1862 年，设立于北京东城东堂子胡同的京师同文馆正式招生开课，它成为各地随之涌现的洋务学堂的开端，也是中国近代教育的开端，启动了中国教育早期现代化的进程。

1898 年，教育改革是维新变法运动的重要组成部分，维新变法运动的高潮发生在北京东城。在沙滩后街 59 号，成立了京师大学堂，成为全国最高学府和最高教育行政机关，后迁至北京东城沙滩大街。

1902 年，京师同文馆并入京师大学堂。1912 年，京师大学堂改为北京大学，成为中国第一所国立综合大学。

1871 年在北京东城成立了教会学校汇文小学、汇文中学，在此基础上，1889 年成立了汇文大学。1918 年汇文大学与华北协和女子大学、通州协和大学合并成为燕京大学，成立之初在北京东城盔甲厂胡同，1926 年迁至现在北京大学所在地。

1952 年，北京大学与燕京大学合并，校址在原燕京大学海淀校址，合并后称为北京大学。

洋务运动和维新运动时期，中国建立了一些新式学堂，但数量较少。1901 年，清末新政的教育改革开始，清政府下兴学诏："除京师已设大学堂应切实整顿外，著各省所有书院，于省城均改设大学堂，各府厅直隶州均改设中学堂，各州县均改设小学堂，并多设蒙养学堂。"

自此，新式学堂纷纷设立，北京东城的方家胡同小学、顺天高等学堂、清真第五学堂等即开设于这一时期。清末新政时期的教育改革最终导致中国传统教育制度解体。

京师同文馆

咸丰十年（1860 年），清政府成立总理各国事务衙门，作为总理洋务的中央机关。同时恭亲王奕䜣等人建议在总理各国事务衙门下设立同文馆。

1862 年，清政府在总理衙门设立了京师同文馆，校址在北京东城东堂子胡同。此后，清政府又决定设立算学馆，学习天文、算学。京师同文馆是我国成立最早的公立专科学校，是我国创办新式学堂的开端，也是中国近代教育的开端。京师同文馆后来并入京师大学堂，是京师大学堂最早的组成部分。

京师同文馆旧址

京师大学堂

  1898年6月11日，光绪皇帝在《明定国是诏》中特别提出："京师大学堂为各行省之倡，尤应首先举办。"在此严令下，总理衙门委托梁启超草拟《京师大学堂章程》，于7月3日上报，光绪帝当即批准，并派吏部尚书、协办大学士孙家鼐为管学大臣，管理京师大学堂。

  按《京师大学堂章程》中《总则》的规定，"各省学堂皆都当归大学堂管辖"，京师大学堂不仅为全国最高的学府，也是全国最高的教育机关。而当年11月正式开学时，学堂仅设有仕学院及附设中小学堂。戊戌政变后，慈禧下令恢复八股取士，大学堂又被学生当成了科举准备的场所。

1900年，京师大学堂毁于八国联军战火。1902年恢复开办，并被纳入清末学制系统，规模逐步扩大。

京师大学堂初办时，所招收的学生全是五品到八品的官员和举人，学生在学堂被称为"老爷"，封建等级意味非常浓厚。图为京师大学堂部分师生合影。

京师大学堂足球队

京师大学堂两位老师在给学生上课

京师大学堂建筑遗存。京师大学堂创办之初校址为乾隆帝四女和嘉公主府（现北京市东城区沙滩后街59号）。

1912年，中华民国成立，倡导变法和宣传资本主义思想文化的代表人物之一的严复出任京师大学堂总监督。5月，京师大学堂改为北京大学后，严复担任首任校长并兼任文科学长，11月辞职。

京师大学堂校门

北京大学

　　辛亥革命后，京师大学堂于 1912 年改为北京大学，这是中国历史上第一所国立综合性大学。校址仍在北京东城沙滩大街。

　　1952 年北京大学与燕京大学合并，迁至北京海淀区原燕京大学校址。

北京大学红楼位于东城区沙滩大街，因建筑用砖都是红色，故名红楼。1916 年至 1918 年建成，成为北大的象征。

红楼是个四层楼加地下室的建筑，在那个年代，是北京最有现代气息的建筑。

红楼，革命的起点，共产党的先驱者当年在这里留下了光辉的足迹。

"五四"期间北京大学学生游行示威，高举条幅，宣扬爱国真理。

"五四"期间北京大学学生虽然被逮捕了，但是面带笑容、步伐稳健。

"五四"期间北京大学学生上街游行示威，高呼"外争国权，内惩国贼"。

"五四"期间北京大学学生在沙滩红楼前，面对前来镇压的警察依然慷慨激昂地发表演说，宣扬救国真理。

人物链接

陈独秀

陈独秀（1879—1942），原名庆同，官名乾生，字仲甫，号实庵，安徽怀宁人，曾就读于求是书院（浙江大学前身）。中国新文化运动的发起人和旗帜，中国文化启蒙运动的先驱，"五四"运动的总司令，中国共产主义运动的先行者，中国共产党的创始人之一及首任总书记，中共一大至五大期间党的最高领袖。1917年至1919年在北大任文科院长。

蔡元培

蔡元培（1868—1940），字鹤卿，又字仲申、民友、子民，乳名阿培，并曾化名蔡振、周子余，汉族，中国绍兴山阴人，原籍诸暨。革命家、教育家、政治家。中华民国首任教育总长，1916年至1927年任北京大学校长，革新北大，开"学术"与"自由"之风。

蔡元培还是位于北京东城的中法大学发起人、私立孔德学校（现北京市第二十七中学）创始人、私立大中公学（现北京市第二十二中学）首任校长，为北京东城学校发展做出了诸多贡献。

李大钊 (1889—1927)，中国共产主义的先驱，伟大的马克思主义者、杰出的无产阶级革命家、中国共产党的主要创始人之一，他不仅是我党早期卓越的领导人，而且是学识渊博、勇于开拓的著名学者，在中国共产主义运动和民族解放事业中，享有崇高的历史地位。1920年至1926年在北大任图书馆主任兼经济学教授。

李大钊

毛泽东 (1893—1976)，字润之，湖南湘潭人。中国革命家、战略家、理论家和诗人。中国共产党、中国人民解放军和中华人民共和国的主要缔造者和领袖，毛泽东思想的主要创立者。1918年至1919年在北京大学做图书管理员。

毛泽东

周树人(1881—1936)，汉族。浙江绍兴人，字豫才，原名周樟寿，字豫山、豫亭。以笔名鲁迅闻名于世。鲁迅作品对于"五四"运动以后的中国文学产生了深刻的影响。毛泽东评价他是伟大的文学家、思想家、革命家，是中国文化革命的主将。1920年至1926年任北京大学文学教师。

鲁迅

燕京大学

　　1918 年，位于北京东城的汇文大学、华北协和女子大学与通州协和大学合并，组建为燕京大学，1926 年迁至海淀区今日北京大学校址。原北京东城崇文门内船板胡同的校址转给了汇文小学和汇文中学。

　　1952 年，燕京大学与北京大学合并，合并后的学校称为北京大学。

燕京大学创办者兼校长司徒雷登和学校部分师生合影（一）

燕京大学创办者兼校长司徒雷登和学校部分师生合影（二）

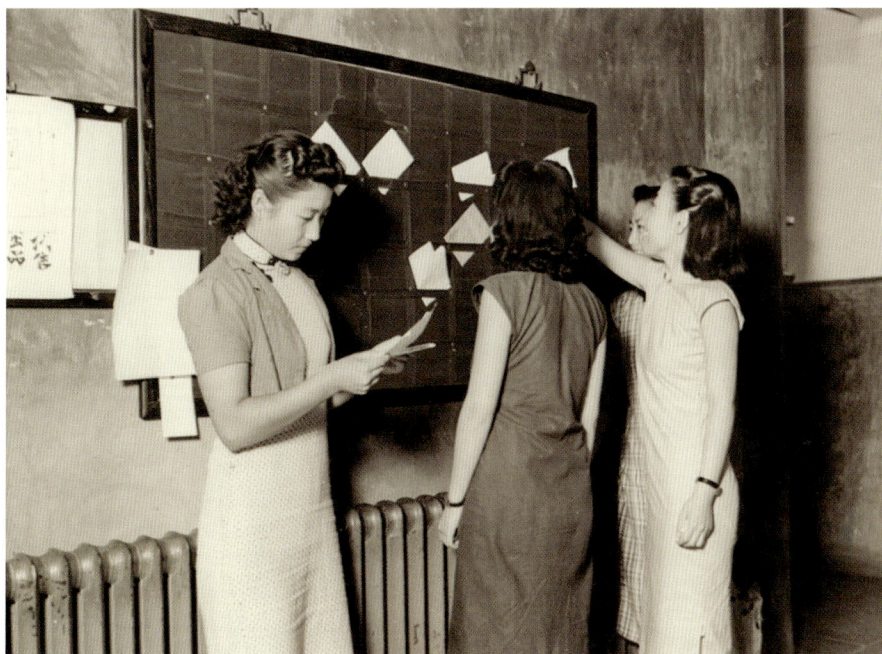

燕京大学学生在查收自己的信件

燕京大学学生在打乒乓球

燕京大学女子棒球队合影

燕京大学女校部分学生合影

京师公立第二十七小学堂 （现北京市东城区方家胡同小学）

北京市东城区方家胡同小学坐落于安定门内方家胡同 15 号与 17 号两大院落，始建于清光绪三十二年（1906 年）。科举制度废除后北京东城在教育改革中建起了一批新式学堂，保留至今的只有方家胡同小学等不多几所。

校园环境优美，古香古色的循郡王府建筑与学校的国学文化办学特色相辅相成。学校紧邻国学文化重地——国子监。

学校始建初期名为京师公立第二十七小学堂，后更名为北平市市立第十七小学校。20 世纪 30 年代又更名为北平市立方家胡同小学、北京市立方家胡同小学。解放后一直称为北京市东城区方家胡同小学。

现北京市东城区方家胡同小学除原校址外，还使用着位于方家胡同的循郡王府，这是乾隆之子宅邸，1945 年之前由现北京市第五中学使用，后由北京市第二女子中学使用，既是北京市古建筑文物，也是珍贵的历史教育文物。

著名人民艺术家老舍曾任方家胡同小学校长。

北京市东城区方家胡同小学校门

老舍青年照   老舍解放后留影

"文化大革命"中老舍不堪红卫兵侮辱，1966年8月24日投北京太平湖自尽。这是老舍生前最后的照片。

1931 年，北平市立第十七小学校小学毕业班师生合影。

1936 年，北平市立方家胡同小学毕业班师生合影。

1936 年，北平市立方家胡同小学毕业班师生合影。

1937 年，北平市立方家胡同小学毕业班师生合影。

1937 年，北平市立方家胡同小学毕业班师生合影。

1941 年，北京市立方家胡同小学毕业班师生合影。

1958 年，方家胡同小学全体教职工合影。

1961 年 9 月 14 日，方家胡同小学全体教工欢送舒靓霞老师留影。

顺天高等学堂

顺天高等学堂建于清光绪二十八年（1902年），校址位于北京东城地安门北黄城根95号。

1914年改名京兆公立第一中学。1928年改为河北省立第十七中学。1931年改为河北省立北平中学。1940年改为北京市立高级中学。1945年改为河北省立北平高级中学。

在新民主主义革命时期，该校学生积极参加爱国民主运动，1919年，参加"五四"运动。"九一八"事变后，进行抗日救亡斗争，1931年12月，参加"北平学生南下请愿示威团"和纠察队，为争取南下，在前门车站坚持卧轨斗争三昼夜，1935年，参加"一二九"运动，高二学生郭青被捕入狱，受尽酷刑，坚贞不屈，惨死狱中。

1948年4月17日，为迎接北平解放，举办师生联欢会，因为演出"兄妹开荒"等解放区文艺节目，致使16名进步学生被捕入狱，受到迫害。

1952年与河北北京师范学校初中部合并，校名改为河北北京中学，学校迁至鼓楼东大街14号，原校址改为地安门中学。

1972年，河北北京中学改为北京市第一四四中学。1979年7月，北京市第一四四中学撤消，校址改为北京市东城区教师进修学校。部分未调出的教职员工转入北京市地安门中学。后北京市地安门中学并入北京市东城区第五中学分校。

1980年，河北省政府要求收回河北省立北平高级中学所占用的房屋场地，北京市东城区教育局同意了河北省政府的请求，在交回房屋场地时进行了置换，将占地面积和建筑面积均不小于河北省政府要求的、属于北京市东城区教育局产权的东城区车撵店少年之家的房屋场地交给了河北省政府，即现在位于东城区车撵店胡同的河北饭店用地。

学校建校几十年来在政界、教育界、文学界培养了众多优秀人才，从参加中国共产党早期创建工作的张申府到现代著名思想家、哲学家、教育家梁漱溟，从党和政府、军队著名领导人杨秀峰、杨献珍、荣高棠、康世恩、史进前、钮茂生到文学家王蒙、学者苏叔阳等，可谓人才辈出。

河北省立北平高级中学朴实门

河北省立北平高级中学教室

河北省立北平高级中学学生在做生物实验

河北省立北平高级中学师生合影

1950 年，学校少先队大队辅导员李国玺老师代表全体少先队员向北京市少工委申请成立"毛泽东中队"，1951 年春天经团中央批准，北京市唯一一个"毛泽东中队"成立了。图为"毛泽东中队"部分队员合影。

河北北京中学校门

1952 年后，在迁入新址的河北北京中学门前师生合影留念。

清真第五学堂（现北京市东城区回民实验小学）

北京市东城区回民实验小学创建于清末宣统元年（1909年）八月，是北京市最早成立的回族学校。初建时名为清真第五学堂，位于东花市清真寺内。1910年2月，清真第五学堂在《正宗爱国报》上刊登了招生广告，提出"回汉多教、开通风气"的办学主张。当时学校已有八十余名学生。

后学校更名为北平清真第二小学，1932年学校又改名为西北第二小学，学生增至200多人，教师16名。教学内容以一般文化课为主，阿文课为辅。其间，学校广泛参与社会活动，增加社会实践，在当时成为最受关注的民族小学之一。

1940年，学校更名为私立穆德小学。由于学校学生骤增，办学条件急需改善，当地回教会众纷纷解囊相助。1941年，由著名回族京剧艺术家马连良、侯喜瑞与汉族艺术家萧长华、尚小云、叶盛兰、荀慧生及花市地区回族百姓义演募捐建造，至1943年11月，位于花市灶君庙的新校舍终于落成。

北京市东城区回民实验小学是清末新政时期建立的新式学堂，是东城区现存唯一的一所百年回族小学校。

1930年，北平清真第二小学附设女子第一分校全体学生合影。

1930年，北平清真第二小学全体董事会成员合影。

1930年，北平清真第二小学全体教职员合影。

1931年，北平清真第二小学全体师生参加社会活动合影。

1931 年北平清真第二小学开学典礼

1935 年，西北第二小学五年级师生合影留念。

1941 年，北京私立穆德小学高级第二班毕业师生合影。

1942 年，穆德小学乔迁一周年全体师生及家长合影。

维新变法后，清末新政的教育改革推动了北京东城近代学校的兴起。在这一时期，北京东城陆续建起了一批新式学堂。

新式学堂在学制中开放了"女禁"，慈禧太后 1906 年 2 月面谕学部，振兴女学，我国女子教育在学制上开始取得合法地位；新式学堂按照 1909 年颁布的《变通初等小学堂章程》扩大了教育的对象和范围，促进了教育的发展；中学实行文、实分科，更加注重实业教育。在这一时期八旗子弟学校也大多改为了新式学堂。这一系列教育改革的举措为辛亥革命后新式学校的建立和发展开了先河。其中有的学校保留至今，是中国近代教育特别是清末新政教育改革在北京东城发展的见证。

民国时期北京东城
平民学校的创建

民国时期中国走上了现代学校和教育发展的轨道，一大批教育理论家、思想家、教育先行者产生：杨贤江、晏阳初、梁漱溟、黄炎培、陈鹤琴、陶行知……这一时期教育家灿若星河。在北京东城学校学习和工作过的有李大钊、陈独秀、毛泽东、鲁迅、蔡元培、胡适、梁漱溟、老舍等，众多在中国历史上有重要影响的著名人物云集东城。位于东城的北京大学成为"五四"新文化运动的发源地。

　　20世纪20年代初至1937年，十几年的时间教育达到了第一个发展鼎盛时期，尤其在南京国民政府时期，各类学校教育的规制渐趋完备。1912年至1949年正式公布的各种教育法令、规程有1500多个，为中国教育的现代化奠定了基础。

　　这一时期，北京东城学校向平民化发展，新创建起了一批平民中小学校，包括保留至今的北京五中、东直门中学、二十二中、二十四中、二十七中、史家胡同小学、分司厅小学、黑芝麻小学、北池子小学、东华门幼儿园、分司厅幼儿园、北京第一聋人学校等。学校管理走上正轨，取得了长足的进步，这些学校至今基本仍是北京东城的名校名园。

　　在这一时期，在北京东城的教会学校被纳入国家教育体制内，进行了注册登记，转向了本土化和世俗化，接受了中国政府的管理。

李宏泰（右一）参加全国特殊教育工作会议

人物链接

李宏泰，曾任北京市第一聋人学校校长、民进中央委员、北京市政协委员、特级教师、中国教育学会特殊教育研究会秘书长、北京市特殊教育研究会秘书长，为特殊教育事业做出了突出贡献。

私立北平聋哑学校（现北京市东城区特殊教育学校）

1919 年，私立北平聋哑学校成立于北京东城交道口福音堂，招收聋哑学生。1928 年迁至西城。

1935 年，改为北京市立聋哑学校。

1949 年，北京市政府接管北平市立聋哑学校，更名为北京市第一聋哑学校。

1958 年 9 月，迁入东城区九条，1990 年更名为北京市第一聋人学校。

2002 年 7 月，学校与北京市东城区培智中心校合并，迁至北京市和平里地区。合并后学校名称为北京市东城区特殊教育学校，同时保留了北京市第一聋人学校校名。

著名书画家范曾为学校题写的校名

20 世纪 50 年代北京市第一聋人学校校貌

北京市第一聋人学校语文老师在为学生们上课

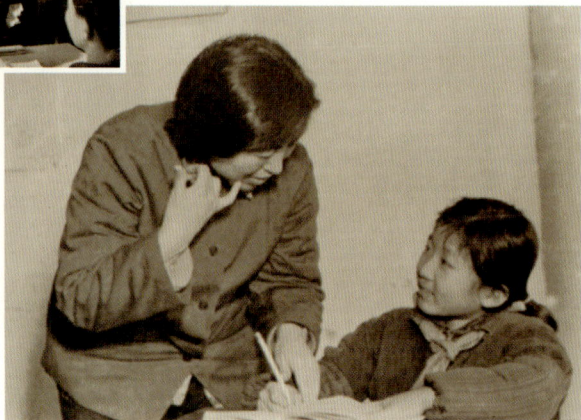

北京市第一聋人学校老师在进行学习辅导

北京市第一聋人学校学
生在饶有兴趣地上课

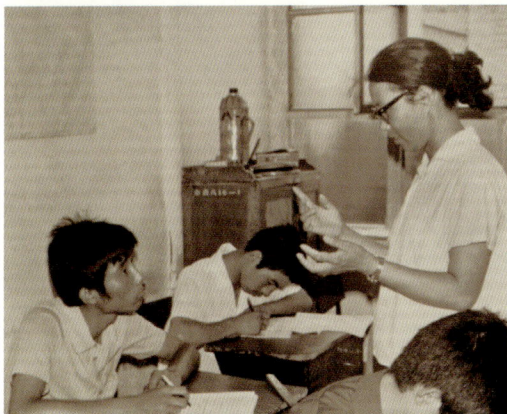

北京市第一聋人学校教师在授课

北京市第一聋人学校美术老师指导学生学习绘画

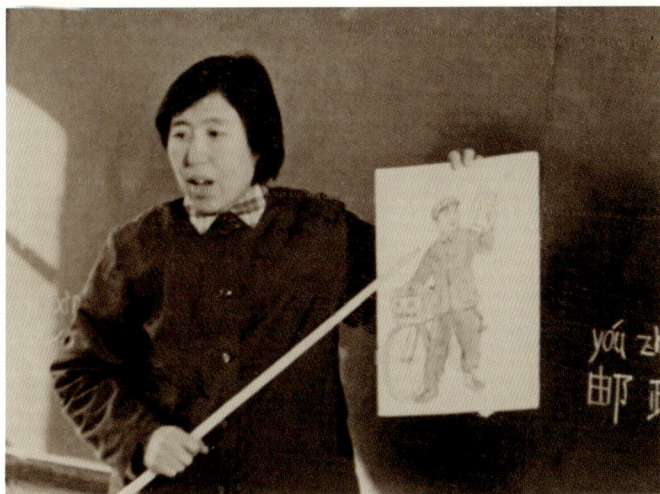

北京市第一聋人学校
教师采用图示法进行
语文教学

北京市第一聋人学校智力竞赛获奖学生和辅导老师合影

北京市第一聋人学校学生进行智力训练

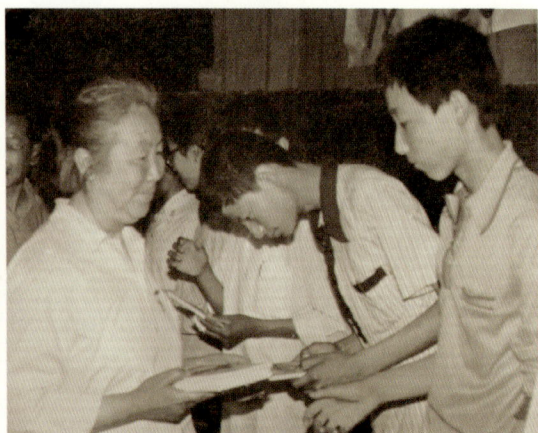

北京市第一聋人学校智力竞赛颁奖仪式

北京市第一聋人学校学生快乐的课余生活

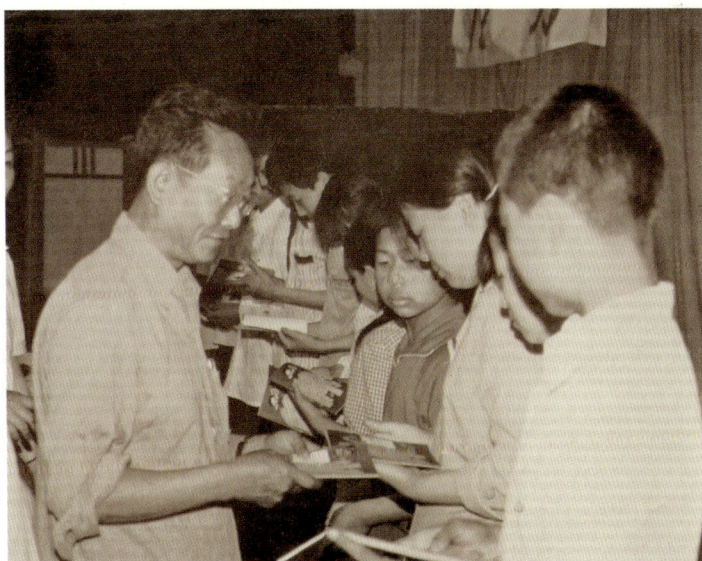

北京市第一聋人学校老师向优秀学生颁发优秀证书

北京市第一聋人学校学生在学习缝纫

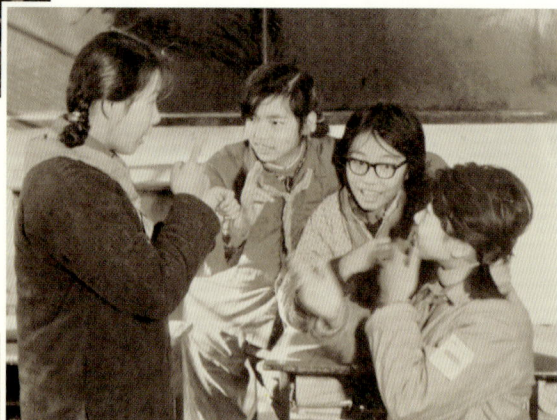

北京市第一聋人学校学生交流学习心得

北京市第一聋人学校木工小组的学生自己动手维修学校桌椅

北京市第一聋人学校学生生物课外小组在活动

北京市第一聋人学校学生在进行语音训练

"文化大革命"中，北京市第一聋人学校"红卫兵"合影。

京兆初高级小学附设幼稚园
（现北京市东城区分司厅幼儿园）

分司厅幼儿园始建于 1925 年，成立初期名为京兆初高级小学附设幼稚园，为北京东城界内第一所公办幼稚园，至今已有 80 多年的历史。

北京市东城区分司厅幼儿园校门

北京市分司厅幼儿园儿童为学龄前小朋友广播歌曲"小喇叭开始广播啦"，成为那个年代人们的共同记忆。

京兆模范小学 （现北京市东城区分司厅小学）

北京市东城区分司厅小学始建于 1914 年 10 月 12 日，原校名为京兆模范小学。

1929 年 4 月改为河北省立第三模范小学。

1935 年因校址坐落于分司厅胡同内，故更名为北平市分司厅小学。

1946 年改名为五区中心国民小学。

1949 年全国解放后，改名为北京市三区第二中心小学、东四区第二中心小学。

1956 年增设了初中班，名为分司厅学校。

1963 年中学、小学分开，小学部恢复为北京市东城区分司厅小学。

陈锦诗，1929 年至 1949 年任分司厅小学校长。

陈君平，1949 年至 1963 年任分司厅小学校长。

1939 年分司厅小学合唱队获奖合影

分司厅小学校内历史悠久的古建，被学生称为"玻璃厅"，后被拆除。

1939年，在分司厅小学"玻璃厅"前，学生田云汉、何轶彭合影。

1939年，分司厅小学一毕业生校园留影。

1941 年，北京市立安内分司厅小学第四十三届、四十四届毕业生合影。

建国初期分司厅小学学生校园合影

1956 年，分司厅小学特级教师张允敏与学生和家长交流。

20世纪60年代初，分司厅小学举行升旗仪式。

1965年，国家主席刘少奇和国务院总理周恩来在首都机场欢迎巴基斯坦总统，分司厅小学学生刘笑青向贵宾献花。

私立宏仁小学 （现北京市东城区黑芝麻胡同小学）

北京市东城区黑芝麻胡同小学始建于 1923 年，位于鼓楼脚下，有近 90 年历史。

1949 年 2 月前为私立宏仁小学。1954 年 8 月成为煤炭部煤炭管理子弟小学。2000 年 9 月 1 日，与北京市东城区前圆恩寺小学、宽街小学三校合并后成立北京市东城区黑芝麻胡同小学。

黑芝麻胡同小学校园

黑芝麻胡同小学校门旧貌素描

北平市市立北池子小学 （现北京市东城区北池子小学）

北池子小学成立于1931年，1933年新校舍建成，迁入新校址时校名为北平市市立第四十三小学。

新校址在北京东城北池子大街凝和庙，此处现为北京市市级文物保护单位。后更名为北平市市立北池子小学。1950年定名为北京市东城区北池子小学。

至今学校内仍保留着建校时所立建校石碑，是珍贵的教育历史文物。

现保存在北池子小学内的"校舍落成纪念碑"。正面碑文为"中华民国二十二年八月北平市市立第四十三小学新校舍落成，校长焦占逵"。

北池子小学"校舍落成纪念碑"背面。此碑在北京市东城区老学校里已不多见，是珍贵的教育历史文物。

北池子小学学校大门

北池子小学院内古建

北池子小学院内凝和庙大殿

北池子小学院内凝和庙古建（一）

北池子小学院内凝和庙古建（二）

北京市市立史家胡同小学（现北京市东城区史家胡同小学）

北京市东城区史家胡同小学始建于1939年，名为北京市市立史家胡同小学。史家胡同在元代已经形成，明代属黄华坊，称史家胡同，明末抗清英雄史可法祠在此。

1949年改名为北京市市立史家胡同小学。1958年更名为北京市东城区史家胡同小学。

史家胡同小学老校区旧照

史家胡同小学校园校舍旧貌

史家胡同小学是新中国第一个举行
校园升国旗仪式的学校

建国前，史家胡同小学师生合影。

建国前，史家胡同小学教师备课旧照。

建国初期，史家胡同小学体育课旧照。

建国初期，史家胡同小学课间操旧照。

建国初期，史家胡同小学校门旧照。

建国初期，史家胡同小学校舍旧照。

建国初期，史家胡同小学学生积极参加劳动课旧照。

建国初期，史家胡同小学足球队旧照。

1953 年，史家胡同小学红领巾班成立，全体同学合影留念。

1953 年，史家胡同小学红领巾班成立，学校全体中队委员合影。

20 世纪 50 年代，史家胡同小学师生出游照。

20 世纪 50 年代，史家
胡同小学学生合影。

20 世纪 50 年代，史家
胡同小学师生北海游玩
合影。

史家胡同小学学生在老校园课堂上课

20 世纪 60 年代，史家胡同小学学生合影。

20 世纪 60 年代的史家胡同小学操场

史家胡同小学开展了丰富多彩的课外活动，图为摄影小组在活动。

20 世纪 60 年代，史家胡同小学全体教师合影。

20 世纪 60 年代初期，史家胡同小学师生合影。

史家胡同小学 1961 届六年级（2）班于 1955 年入学时全体合影

史家胡同小学语文特级教师张效梅在教授
语文课，这是一位多么亲切和蔼的老师啊！

史家胡同小学同学们在表演音乐舞蹈

史家胡同小学篮球队队员与老师合影

人物链接

赵香蘅，北京市第三次党代会代表、北京市第五届人代会代表、史家胡同小学党支部书记兼校长。

1954年至1966年担任史家胡同小学校长。工作出众，深受师生爱戴，为学校乃至全区教育事业发展做出了杰出贡献。

"文化大革命"中，史家胡同小学被诬蔑为修正主义黑典型，各种锦旗、奖状、经验资料都成了"修正主义"的罪证。赵香蘅校长受到污蔑、攻击、毒打、侮辱，1966年8月27日，不堪红卫兵毒打，跳楼自尽。1978年5月26日，北京市东城区教育局在八宝山人民公墓礼堂为在"文化大革命"中受到迫害致死的3名小学领导赵香蘅（史家胡同小学校长）、郭文玉（宽街小学校长）、邱庆玉（吉祥胡同小学副校长）举行了追悼会。

刘希真，1935年到史家胡同小学担任教师15年，1949年任北京市一区中心小学校长，1950年调回史家胡同小学任校长。

1952年底调任东单区政府初教科科长。1958年调任东城区教育局小教科科长，后兼任东城区进修学校副校长。1974年离休。

刘希真在建国后主持东城区小学工作17年，他用自己的全部心血卓有成效地为东城区小学教育打下了坚实的基础，是东城区小学教育的奠基人。

私立孔德学校创始人蔡元培

私立孔德学校（现北京市第二十七中学）

　　私立孔德学校成立于 1917 年，创办人及首任校长为我国著名教育家蔡元培。

　　1952 年人民政府接管孔德学校，中学部成为北京市第二十七中学，小学部成为东华门小学，幼稚园成为东华门幼儿园。

私立孔德学校大门

私立孔德学校内景

私立孔德学校教职工合影

私立孔德学校校门内部

私立孔德学校礼堂

私立孔德学校的图书馆、阅览室

私立孔德学校的实验室、美术室

私立孔德学校早期学生的课外活动（一）

私立孔德学校早期学
生的课外活动（二）

私立孔德学校早期学生的课外活动（三）

私立孔德学校早期学生的课外活动（四）

私立孔德学校学生参加文娱活动（一）

私立孔德学校学生参加文娱活动（二）

私立孔德学校学生参加文娱活动（三）

私立孔德学校学生参加文娱活动（四）

张雪门，私立孔德学校幼稚园第一任园长。

私立孔德学校幼稚园（现北京市东城区东华门幼儿园）

　　私立孔德学校幼稚园创建于1924年，是我国成立最早的幼儿园之一，其前身是1922年在北京东城方巾巷开办的私立孔德学校所属幼稚班。

　　著名幼儿教育家、私立孔德学校小学部主任张雪门是私立孔德学校幼稚班的负责人，是私立孔德学校幼稚园的创始人。

　　私立孔德学校幼稚园现为北京市东城区东华门幼儿园。

北京市东城区东华门幼儿园

1963 年 3 月 31 日，东华门幼儿园全体师生合影。

北京市东城区东华门幼儿园园内一角

北京私立大同中学的老校门

私立大同中学（现北京市第二十四中学）

北京市第二十四中学的前身为创建于 1923 年的北京私立大同中学。该校是一所历史悠久的完全中学。

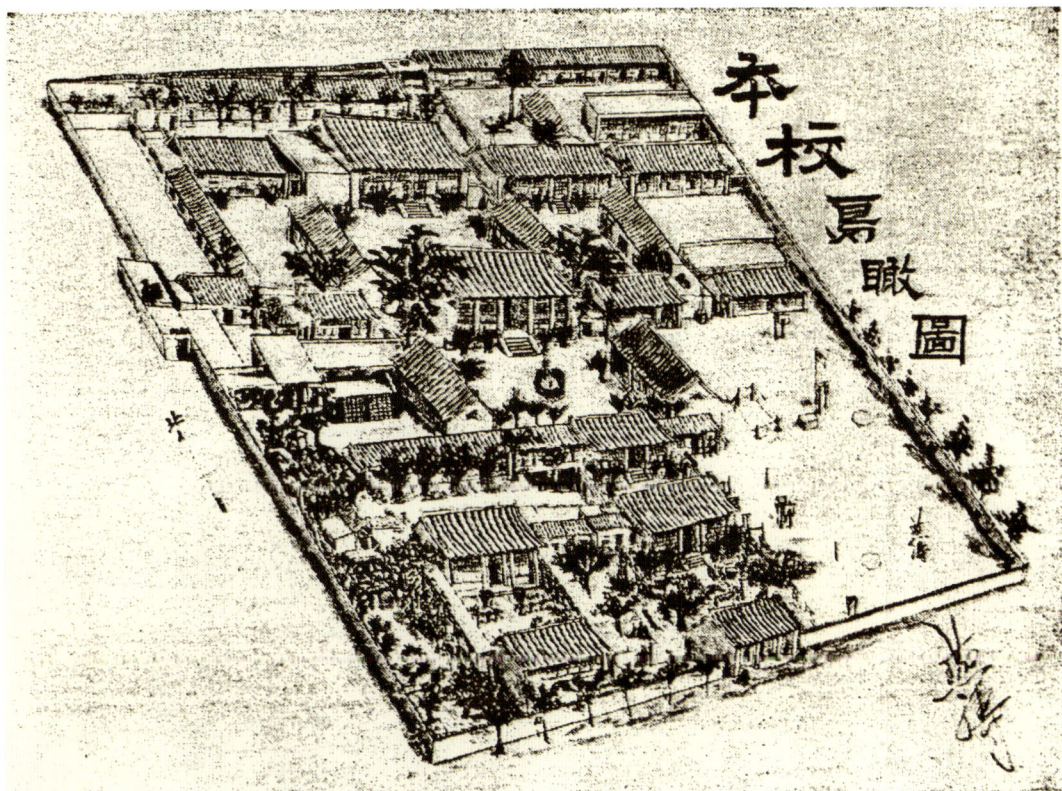

北京私立大同中学鸟瞰图

私立大中公学 （现北京市第二十二中学）

北京市私立大中公学创办于 1924 年，校址在北京东城交道口东大街。首任校长蔡元培，董事长李煜瀛。

1925 年，学校更名为北京市私立大中中学。1930 年，学校更名为北平市私立大中中学。1949 年 9 月，更名为北京市私立育德中学。1952 年 9 月，更名为北京市第二十二中学。

历史上，不少文化名人曾在该校任教，如鲁迅、著名女作家谢冰莹曾任高中新文艺科教员与国文教员。

蔡元培

李煜瀛

人物链接

郝仲青，新中国建立后北京市第二十二中学的首任校长。

　　郝仲青（1879—1957），名濯，字仲青，教育家。原籍霸县。21岁中秀才，曾在私塾任教。1907年秋，毕业于保定高等师范学堂，后在保定崇实中学任教，经陈兆雯（字幼云）介绍，加入同盟会，创办育德中学。1909年，任育德中学监督（即校长），同时被推举为直隶同盟会主盟人。1913年，当选为参议院议员。因反对袁世凯称帝，被迫离京去西安，任陕西省立一中教员。后又返回育德中学任教员。1916年，去广州参加反对袁世凯的斗争。1921年返保定，再任育德中学校长。"七七"事变后，率师生一部先后迁校至河南郾城、西峡口，名为国立一中一分校。1945年日军西侵，率师生步行到了西安，继续进行教育工作。抗战胜利后，育德中学在保定复校。北京解放后，保定本校停办，北京市将原私立大中中学改为育德中学，郝仲青仍任校长。1952年，改为市立第二十二中学，继任校长。1957年9月，因病逝世。终年78岁。

北京市私立大中中学时期的老校门

北京市私立大中中学时期的老校门及教学楼

鲁迅任北京市私立大中中学新文艺科教员

北平市私立大中中学女生部学生在校门前合影

北平市私立大中中学附设补习班第二期师生合影

北平市私立大中中学部分师生合影

1949 年 9 月，北平市私立大中中学改名为私立育德中学后首届毕业典礼现场（一）。

1949 年 9 月，北平市私立大中中学改为私立育德中学后首届毕业典礼现场（二）。

1950 年 5 月，育德中学全校师生踊跃签名，反对美帝侵略朝鲜。

1950 年 11 月，育德中学举办的控诉美帝侵略大会。

育德中学全校师生深入农村，走向街头，控诉美帝侵略朝鲜。

育德中学部分参军参干学
生在学校教室门前留影

育德中学学生在参加军干校欢送会上发言

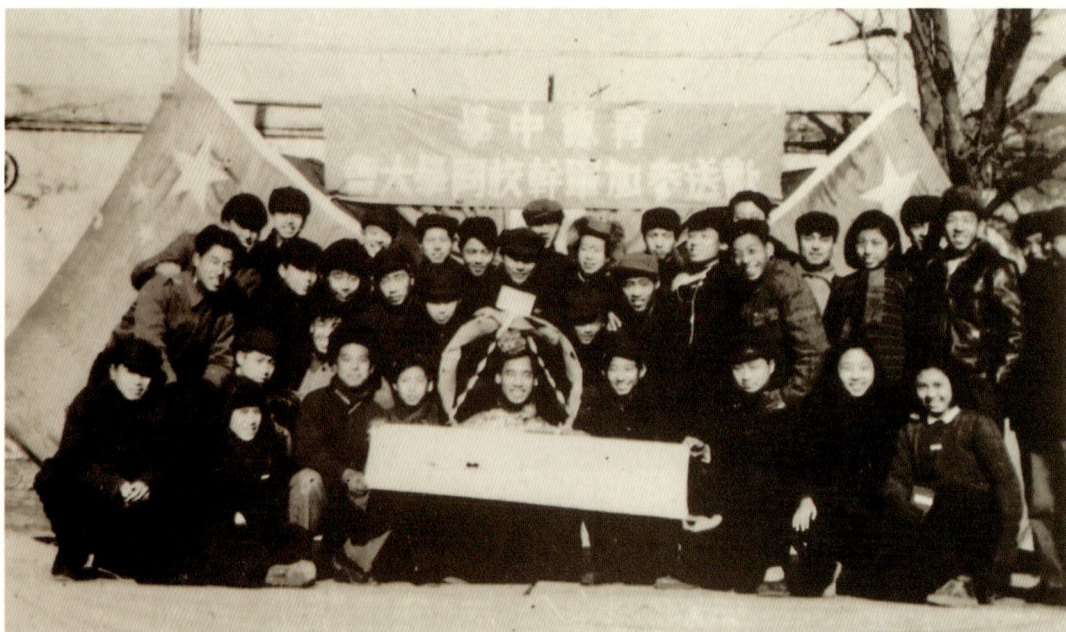

育德中学为参加军干校同学举行欢送大会

北平平民中学 （现北京市第五中学）

　　北京市第五中学创办于 1928 年 5 月 11 日，是当时北平社会局开办的一所平民学校，被称为北平平民中学，第一任校长是致力于"教育救国"的社会名流蔡以观。

　　学校初建时在东四炒面胡同，仅几间简易平房，只设一个初中班，暑假后迁至北京东城方家胡同循郡王府（现方家胡同小学院内），改名为北平市市立第五中学。1931 年增设高中班。

　　1945 年抗日战争胜利后迁至北京东城细管胡同现址，学校名称为北京市第五中学。1968 年起首招女生。

蔡以观，1928 年至 1932 年任校长。

张景涛，1932 年至 1946 年任校长。

张天咏，1949 年至 1950 年任校长。

张夫，1951 年至 1958 年任校长。

吕清寰，1958 年至 1977 年任校长。

人物链接

吕清寰，毕业于孙中山创办的中国大学生物系，1947 年大学期间参加了中国共产党，受地下党城工部领导，从事学生运动、掩护革命同志到解放区等工作。

1949 年在中国大学毕业后，受地下党城工部的派遣，与其他同志一起接管了北京市第五中学，并任生物教师，是北京五中首届"金日成班"的班主任。

1950 年任教导主任，1958 年起任校长至 1966 年"文化大革命"，1974 年任北京市第五中学革命委员会主任。在任校长期间全面提升北京五中的教育教学质量，使北京市第五中学在 20 世纪 60 年代初跻身北京市重点中学行列。1977 年调北京东城区教师进修学校任校长。自 20 世纪 80 年代初起，先后任东城区委副书记、东城区人大常委会主任。离休后任北京市老年大学校长。

1934 年，北平市市立第五中学初二排球队队员合影。

1935 年，北平市市立第五中
学参加春运会的田径队队员。

1949 年 10 月 1 日，北京市第五中学的学生参加开国大典（圆圈处为五中学生）。

1949 年北平市市立第五中学校门

北京市第五中学老校园的操场

北京市第五中学 1956 年
时的学校司令台

北京市第五中学老校园鸟瞰

北京市第五中学老校园东楼

1950 年 12 月 28 日，北京市第五中学青年团九分支全体团员欢送光荣参加抗美援朝的新战士。

北京市第五中学 20 世纪 50 年代的学生胸章

北京市第五中学 1959 届毕业生李其炎，曾任北京　北京市第五中学 1954 届初三（6）班学生在校门口合影
市市长。

北京市第五中学 1959 届部分毕业生合影

北京市第五中学第一届"保尔班"合影

北京市第五中学第三届"保尔班"合影

北京市第五中学首届"金日成班"
同学初中毕业时合影

213

北京市第五中学 20 世纪 60 年代的校办工厂机工车间初具规模，学生们认真学习劳动技术。

著名数学家华罗庚对北京市第五中学数学竞赛学生做数学辅导

北平市市立第二女子中学（现北京市东直门中学）

北京市东直门中学始建于 1935 年 9 月 1 日，原名北平市市立第二女子中学，新中国成立后改名为北京市第二女子中学。

"文化大革命"中女二中红卫兵组织了声势浩大的游行，将学校所在地改为"反修路"，将校名改为"反修路中学"。

1980 年更名为北京市东直门中学。

学校于 20 世纪 50 年代创办了闻名全国的"保尔班"。

1937 年，北平市市立第二女子中学的旧址。

北平市市立第二女子中学的学生参加了"一二九"运动，图为学生的游行队伍。

1937年，北平市市立第二女子中学的学生在学校后花园土山上留影。

宋庆龄、史良与齐淑蓉（北京市第二女子中学校长）夫妻合影

北京市第二女子中学 1955 届（首届）"保尔班"师生合影

20 世纪 50 年代末，北京市第二女子中学学生贯彻教育与生产劳动相结合的教育方针，积极在校办工厂的木工车间内做工。

邓颖超与北京市第二女子中学副
校长张启凡在中南海合影

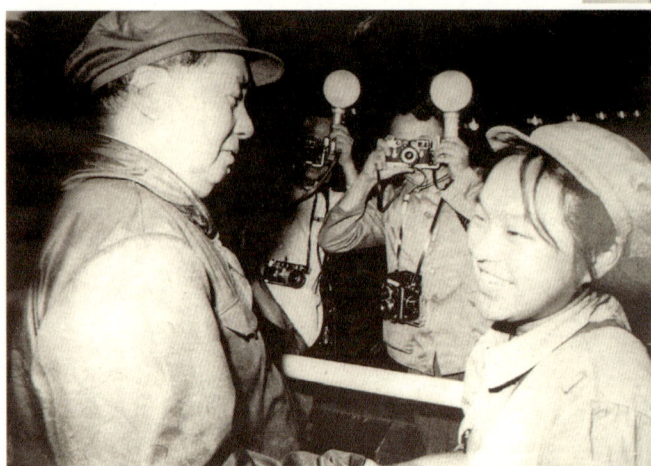

1966 年 8 月，毛泽东在天安门
城楼接见北京市第二女子中学的
红卫兵代表。

1966 年 8 月，周恩来在天安门
城楼接见北京市第二女子中学的
红卫兵代表。

被改为"反修路中学"后学生在校门前合影

"文化大革命"中北京市第二女子中学红卫兵为了反对"苏修"(苏联修正主义),将学校门前(苏联大使馆前)的"扬威路"改称"反修路",并组织了声势浩大的游行。

219

中法大学

　　1912 年，李煜瀛等人发起、建立了留法俭学会，得到了时任教育总长的蔡元培的支持，是为中法大学的雏形。

　　中法大学是 1920 年蔡元培在留法俭学会与法文预备学校和孔德学校的基础上发起组建的，是一所私立大学。李煜瀛在中法大学成立后任该校董事会董事长，聘蔡元培为该校校长。学校将设在西山碧云寺的法文预备学校扩充为文理两科，1920 年改称中法大学西山学院。是该大学创建之始地。

中法大学旧址

李煜瀛，字石曾，中法大学前身留法俭学会发起人。

1921 年成立中法大学海外部，又称里昂中法大学。同年，又在比利时设立晓露槐工业专修馆。

1924 年，建立孔德学院，即中法大学社会科学院。同年，设立温泉女子中学。是年冬，理科移到北京东城地安门外吉祥寺。1925 年秋，移文科于北京东城东黄城根 39 号，改称服尔德学院。该院是承 1917 年法文预备学校旧有之基础而起。文学院移城内后，西山所遗校址，设西山中学和碧云寺小学各一所。

1949 年中华人民共和国成立后不久，中法大学改称为国立北京中法大学。1950 年夏，北京中法大学奉命与由解放区迁京的华北大学工学院合并。1951 年，华北大学工学院定名为北京工业学院。1988 年，北京工业学院更名为北京理工大学。

于是从 1950 年起，北京中法大学即告结束。

中法大学旧址

中法大学旧址，北京市市级文物保护单位，
位于北京市东城区东黄城根北街甲 20 号。

中法大学旧址

中法大学校门老照片

中法大学校园老照片（一）

中法大学校园老照片（二）

中法大学校园老照片（三）

中法大学校园老照片（四）

中法大学校园老照片（五）

民生　　自由　　平等　　博爱

中法大学校徽、校训

1931年中法大学文理哲
三院毕业生纪念碑

1939 年，中法大学 1942 级药学专修科学生毕业合影。

中法大学师生集会迎接孙中山灵柩旧照，前左起第九位为后任中华人民共和国国务院副总理、外交部长的陈毅。

中法大学海外部里昂中法大学留法学生合影（一）

中法大学海外部里昂中法大学留法学生合影（二）

人物链接

张若名（1902—1958），早年参加"五四"运动，后出国留学，归国后先后执教于中法大学和云南大学。"反右"运动中，她横遭无端批判，投水自尽，1980 年平反。张若名不仅是中国妇女运动的先驱，还是中国第一位法国女博士，一生中法文著作近百万字，在法语教学领域培养了大量人才，为中法交流做出了重大贡献。

中法大学文学院教授，著名历史文化名人张若名（左）。

陶行知是一位具有开拓创新精神的现代杰出的人民教育家，他的教育思想尤其是"生活教育"理论与传统教育截然不同，是一种为人民大众服务的先进教育理论，至今都有深刻的指导意义。北京东城学校师生景仰陶行知，向立于北京东城黑芝麻胡同小学的陶行知塑像献花。

　　民国时期，平民教育实践运动兴起，推动了北京东城平民学校的发展，幼儿教育、初等教育、中等教育、特殊教育都逐步步入正轨。

　　在这一时期，教育界人才辈出，教育思想活跃，涌现出了众多教育理论家和实践者。他们以改造中国社会为最终目标，在新民主主义教育理论、乡村建设和乡村教育模式、职业教育思想体系、传统学校教育的改革等方面做出了努力。中国教育传统观念开始转变，教育体制开始变革，现代教育制度开始建立，推进了中国教育现代化的发展。

新中国建立初期
北京东城的学校建设
（1949——1966）

新中国成立伊始，人民政府即着手学校建设。1950 年东城区建起了第一所公办中学——北京市第十一中学，成立了中央戏剧学院、中央美术学院，由此拉开了新中国学校大规模建设的帷幕。

1949 年至 1966 年，短短 17 年时间仅在东城区南部（即原崇文区）就新建了中学 19 所、小学 42 所；在东城区北部新建的和平里地区内，就建起了十几所崭新的中小学。这段时期人民政府高度重视教育，是东城区学校建设发展最快的阶段，迅速普及了全民教育，为新中国教育事业的发展奠定了坚实的基础。

1958 年在北京市政府的直接关怀下，北京东城建立了一所实验型的半工半读中等专业学校，即"两种教育，两种劳动制度"教育思想的实验基地——北京市东城区红旗学校。在此期间，劳动教育和参加社会实践得到了学校的广泛重视。

20 世纪 60 年代初，教育改革启动。1960 年中共中央宣传部在北京东城建立了教育改革实验学校——景山学校。在此时期，毛泽东发表了关于教育改革的谈话，针对学生负担过重、教育的应试化倾向、歧视工农子弟等方面问题的教育改革呼声渐起。

1966 年 6 月"文化大革命"爆发，教育首当其冲，学校受到了前所未有的冲击。

中央戏剧学院

中央戏剧学院坐落在北京市东城区东棉花胡同 39 号，其历史可以溯源至 1938 年 4 月 10 日成立的延安鲁迅艺术学院，至今已经有 70 多年的历史，其间历经华北联合大学文艺学院、华北大学第三部，后又有南京国立戏剧专科学校并入。

1949 年 12 月，中央戏剧学院正式开办，1950 年 4 月 2 日，中央戏剧学院成立大会举行，是新中国成立后第一批新组建的大学之一。

毛泽东亲笔题写校名。

欧阳予倩、曹禺、张庚、光未然、沙可夫、李伯钊、金山、徐晓钟、王永德、刘国富曾担任学院领导。

中央戏剧学院正门

毛泽东接见中央戏剧学院新疆民族班学生

周恩来接见中央戏剧学院师生

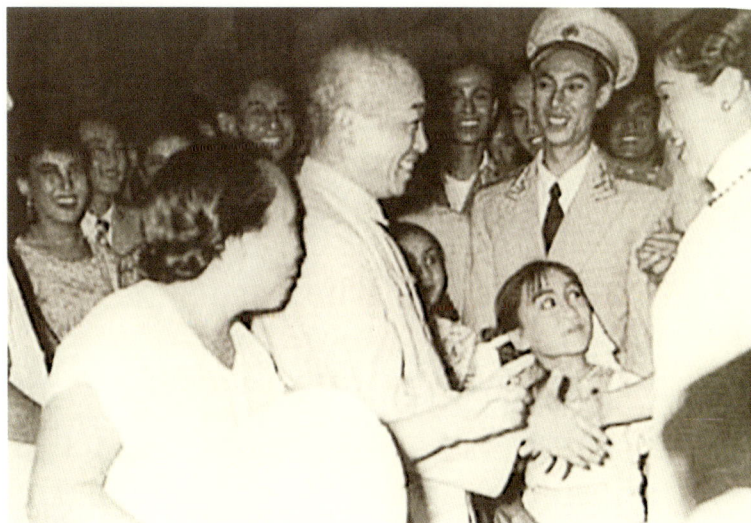

彭德怀慰问中央戏剧学院演出团

陈毅在中央戏剧学院校庆大会上讲话

郭沫若慰问中央戏剧学院演出团

中央美术学院

中央美术学院原址位于北京市东城区王府井大街校尉胡同 5 号，是中华人民共和国教育部直属的唯一一所高等美术学校。该校是 1950 年 4 月由国立北平艺术专科学校与华北大学三部美术系合并成立，毛泽东为学院题名。

北平艺术专科学校的历史可以上溯到 1918 年由著名教育家蔡元培积极倡导下成立的国立北京美术学校，这是中国历史上第一所国立美术教育学府，也是中国现代美术教育的开端。华北大学美术系的前身是 1938 年创建于延安的鲁迅艺术学院美术系。徐悲鸿、江丰、吴作人、古元、靳尚谊等著名艺术家先后担任过中央美术学院的院长。

为了扩大专业范围，同时为了改善硬件设施，2001 年中央美术学院搬迁到了现在的朝阳区花家地南街 8 号，原址现为中央美术学院美术馆。

中央美术学院秧歌队 1949 年至 1950 年照片

中央美术学院毕业生合影

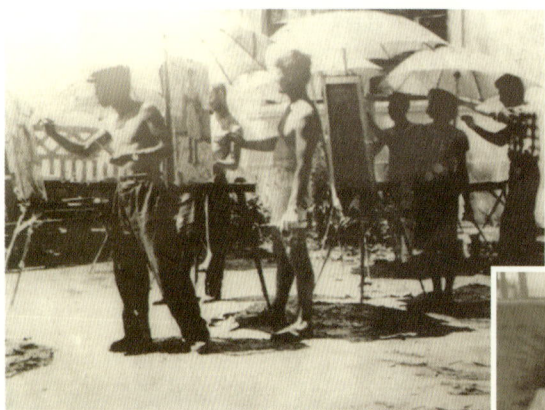

中央美术学院学生在街头创作

中央美术学院听取群众给校工的意见

1950年，中央美术学院师生听英雄做报告。

1950年，中央美术学院学生文艺演出。

北京市第一幼儿园

建国后新组建的北京第一托儿所于 1955 年迁址至北京东城汪芝麻胡同，成立了北京市第一幼儿园。这是建国后北京东城新建成的第一所公办幼儿园。

20 世纪 50 年代，北京市第一幼儿园大门。

20 世纪 50 年代，北京市第一幼儿园内的儿童游乐区。

20 世纪 60 年代，北京市第一幼儿园大门。

北京市第一幼儿园老师
和孩子们在颐和园留念

北京市第一幼儿园的孩
子们和外国小朋友合影

北京市第一幼儿园重修
后的大门

北京市东单区私立贤良小学 _{（现北京市东城区校尉胡同小学）}

北京市东单区私立贤良小学建于 1949 年 4 月，学校位于王府井中心区的贤良寺内。

1950 年被政府接管，转为公办学校。

1968 年小学合并，成立了北京市东城区校尉胡同小学。

校尉胡同小学老师在讲解共和国国旗的意义

在艰苦的环境下，校尉胡同小
学学生在课堂认真学习。

校尉胡同小学学生在学校操场上体育课。建国初期，尽管条件还很艰苦，但同学们仍以昂扬的精神面貌刻苦认真学习。

在"千万不要忘记阶级斗争"号召下，1963年前后中小学普遍进行了"不忘阶级苦，牢记血泪仇"的教育。图为校尉胡同小学在开展革命传统教育和阶级教育。

自 20 世纪 60 年代初起，东城学校中小学生普遍到郊区农村参加生产劳动锻炼。图为校尉胡同小学师生在田间劳动。

"教育与生产劳动相结合"，校尉胡同小学师生在田间劳动时，接受贫下中农再教育。

校尉胡同小学师生参加生产劳动，在农村场院吃午饭，吃的是用饭盒从家里自带的饭菜。

"广阔天地，大有作为"，校尉胡同小学师生在田间劳动，喜收大白菜。

校尉胡同小学学生课间在做眼保健操

校尉胡同小学师生召开
"五一"国际劳动节庆
祝会

校尉胡同小学学生课间活动，在跳集体舞。

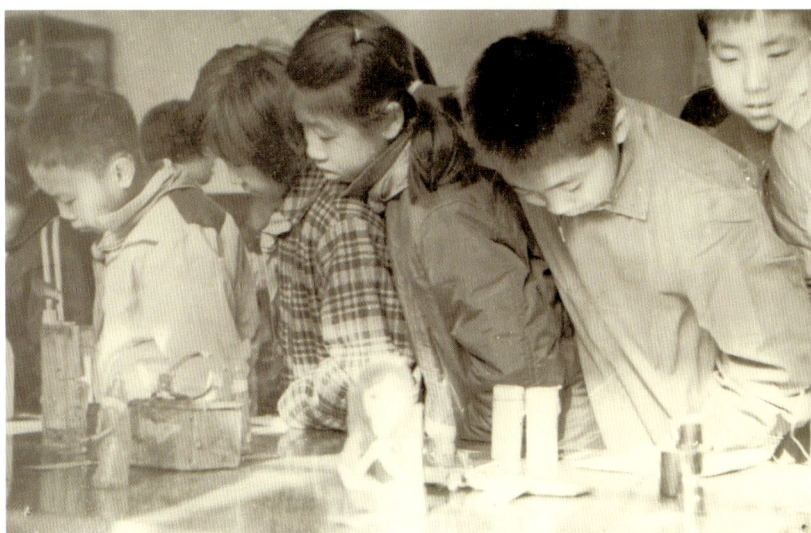

重视劳动教育是 20 世纪
60 年代东城区中小学教
育的突出特色，给学生留
下了深刻印象。图为校尉
胡同小学学生举办科技劳
动小制作展览会。

北京市第三区十一条小学 （现北京市东城区东四九条小学）

北京市东城区东四九条小学位于东城区中心地带，前身是成立于1949年10月的北京市第三区十一条小学。后几次易名，1968年学校迁至现东四九条胡同，1973年定名为北京市东城区东四九条小学至今。

北京市东城区东四九条小学旧址大门

东四九条小学原址为佶公府，是清代皇族爱新觉罗·亦谟贝子的府邸，又称谟贝子府。学校院内这座攒尖四角方亭，端庄大气，典雅俊美，是府中花园的核心建筑。1924年，京剧艺术大师梅兰芳曾以此为背景拍摄电影《黛玉葬花》片段。

北京市东四区和平里小学（现北京市东城区和平里第一小学）

　　北京市东城区和平里第一小学始建于 1955 年，当时名为北京市东四区和平里小学，1958 年更名为北京市东城区和平里第一小学。

20 世纪 50 年代学校教师合影

北京市东单区东交民巷小学 （现北京市东城区东交民巷小学）

北京市东城区东交民巷小学建于 1955 年，是当时的北京市市委、市政府子弟学校，初始命名为北京市东单区东交民巷小学，1958 年 9 月更名为北京市东城区东交民巷小学。

"文化大革命"期间学校曾改名为"反帝路小学"，后又改回。

建校初期，东交民巷小学教师合影。

建校初期，东交民巷小学学生合影。

建校初期，东交民巷小学学生合唱。

建校初期，国家副主席宋庆龄来东
交民巷小学参观。

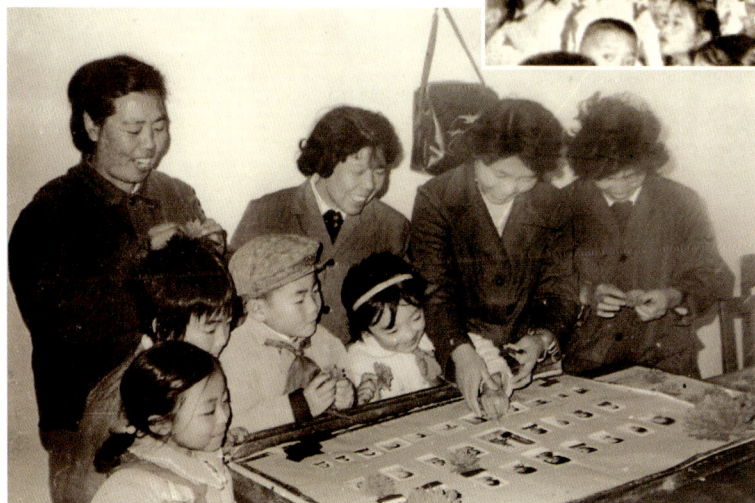

东交民巷小学建校初期旧照

251

东交民巷小学 20 世纪 60 年代师生合影

东交民巷小学学生陪同国家主席刘少奇在机场迎接外宾访华

东交民巷小学教师带领学生们游北海公园

20 世纪 50 年代，东交民巷小学教师出游旧照（一）。

20 世纪 50 年代，东交民巷小学教师出游旧照（二）。

20 世纪 50 年代，东交民巷小
学学生面貌。

20 世纪 60 年代，东交民
巷小学教师合影。

20 世纪 60 年代，东交民
巷小学全体教师合影。

东交民巷小学学生运动会开幕式

东交民巷小学学生运动会开幕式国歌演奏

东交民巷小学学生歌咏比赛

东交民巷小学学生舞蹈表演（一）

东交民巷小学学生舞蹈表演（二）

东交民巷小学学生鼓号队演奏，同学们表现出了新中国儿童朝气蓬勃的精神风貌。

在"文化大革命"中，曾经的外国使馆聚集区北京东交民巷被改名"反帝路"，图片中的人们正在更换路牌。北京东城区东交民巷小学因此被改名为"北京市东城区反帝路小学"，后又恢复原名。

北京市第十一中学

　　北京市第十一中学创办于 1950 年 9 月，是新中国成立后人民政府在昔日的城南龙须沟药王庙一侧建起的北京市第一所公立完全中学。

　　1950 年 6 月开始筹备工作，9 月 1 日正式开学。

北京市第十一中学建校初期，学生在校园里晨读。

20 世纪 50 年代，北京市第十一中学学校田径队在学校大门前合影。

20 世纪 50 年代初，北京市第十一中学的药王庙前殿改为学校图书室，图为校领导与学生合影。

北京市第十一中学建校初期的学校大门

1952 年，北京市第十一中学长跑锻炼小组合影。

1953 年，北京市第十一中学舞蹈队参
加为农村捐献双轮双铧犁义务演出。

1956 年，北京市第十一中学院内药王庙后大殿改为学校礼堂，
图为三好学生表彰会全体三好学生合影。

1955 年，北京市第十一中学师
生参加修建十三陵水库。

北京市第十一中学第五届初中毕业生获奖学生合影

1958 年，北京市第十一中学学校
图书服务组合影。

1959 年 5 月 4 日，北京市第十一中学校领导与五好团员合影。

北京市第十一中学 1959 届高中生射击队合影

1960 年，北京市第十一中学学校田径队、球队在操场合影。

北京市第十一中学王碧霖老师参加全国人民代表大会

1965 年，北京市第十一中学学校话剧团演出话剧"一百分不算满分"。

北京市第五十四中学

　　北京市第五十四中学始建于 1955 年，是北京市政府在东城区和平里地区建设的第一所公办完全中学。

　　北京市第五十四中学的主楼，完全按 20 世纪 50 年代苏联学校的标准修建，客观反映着当时全盘引进苏联模式的印迹。

北京市第五十四中学校园鸟瞰

1957年，北京市第五十四中学"向共产主义进军"接力赛青年教师冠军队。

1957年，北京市第五十四中学青年教师早晨锻炼。

1957年，北京市第五十四中学第一代青年教师合影。

1957 年，为落实中央《关于中小学毕业生参加农业生产问题》和《教育与生产劳动相结合》的精神，北京市第五十四中学开辟"生物实验园地"，开展"小种植、小饲养"活动，培养学生劳动习惯和劳动技能。图为校长身体力行指导番茄整枝。

北京市第五十四中学老师在指导学生管理棉花

北京市第五十四中学学生参加农
业劳动，稻秧畦拔草。

北京市第五十四中学学生学农劳动，正在喂鸡。

北京市第五十四中学学生现场听
课，学习饲养技术。

北京市第五十四中学教师们泛舟湖面

北京市第五十四中学教师早春郊游合影

北京市第五十四中学"五四"园地开拓者

1964年6月，北京市第
五十四中学理化生组在
学校植物园合影。

北京市第五十四中学1959届毕业生留念

北京市第五十四中学 1962 届毕业生留念

北京市第五十四中学
参加业余航海，学生
赴长岛学习。

北京市第五十四中
学师生在任弼时墓
前合影

北京市第五十四中学共青团员合影

北京市第五十四中学教师带领学生学习测量

北京市第五十四中学教师在演奏乐器

棋逢对手——北京市第五十四中学的教师们在专注地对弈

北京市东城区红旗学校（现北京市第一七一中学）

北京市东城区红旗学校始建于 1958 年，由北京市政府建立，原校址在北京市东城区雍和宫柏林寺。

1962 年迁至北京市东城区和平里北街。1964 年与北京市无线电联合厂合办，定名为北京市红旗学校，学制三年，是一所实验型的半工半读中等专业学校，为"两种教育，两种劳动制度"教育思想的实验基地。学生毕业后可以考大学，也可以劳动就业。

北京市东城区红旗学校老校门

北京市东城区红旗学校
传达室，曾是男生宿舍。

北京市东城区红旗学校男生宿舍——斋堂近景

1958 年 9 月，北京市东城区红旗学校组织学农活动。

1

2

1958 年，北京市东城区红旗学校的学生烧制耐火砖。1 为碾料、2 为筛料、3 为烧成出窑、4 为学生对烧制好的砖块进行质量检测。

3

4

北京市东城区红旗学校的
学生在铸工车间工作

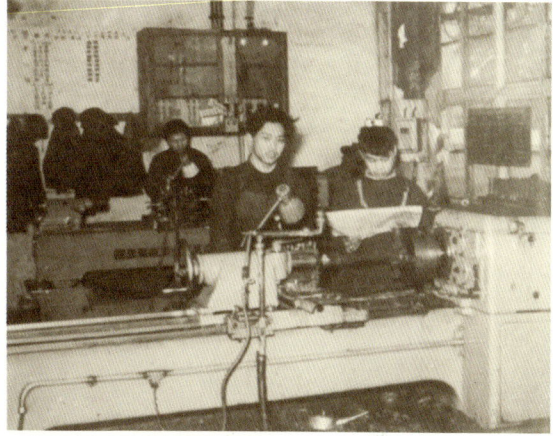

北京市东城区红旗学校
的学生在机工车间学习

北京市东城区红旗学校
的学生在木工车间工作

北京市东城区红旗学校的教师在进行四结合备课

北京景山学校

北京景山学校建立于1960年春，是中共中央宣传部创办的一所专门进行城市中小学教育教学改革试验的学校。由小学、初中、高中三部分组成。

小学初中实行五四学制，九年一贯；高中三年。因邓小平为景山学校题词"教育要面向现代化，面向世界，面向未来"，而被称为"三个面向"的发源地。

1960年，北京景山学校建校时的南教学楼一角。

北京景山学校教改研究所的成员在讨论

北京景山学校课题发布会现场

敢峰

人物链接

　　敢峰，1960 年夏至 1973 年 7 月担任北京景山学校校长，是景山学校创始人，在任校长期间大胆推进教育改革试验，取得了丰硕成果。

　　著有《人的一生应当怎样度过》一书，在 20 世纪 60 年代产生过广泛影响，深受广大青年欢迎与喜爱。

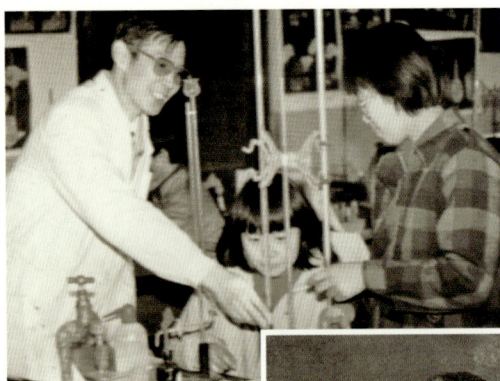

北京景山学校语文特级教师马淑珍

北京景山学校化学特级教师崔孟明，后担任景山学校校长。

北京景山学校数学特级教师郑俊选

新中国建国初期的十七年，北京东城的教育取得了辉煌的成就，是广大人民教师在艰苦和困难的条件下辛勤耕耘的结果。育桃李精英辈出，耀乾坤皓首红心，图中的特级教师群体是北京东城教师的优秀代表。

1983 年国庆节前夕，邓小平在为北京景山学校题词。

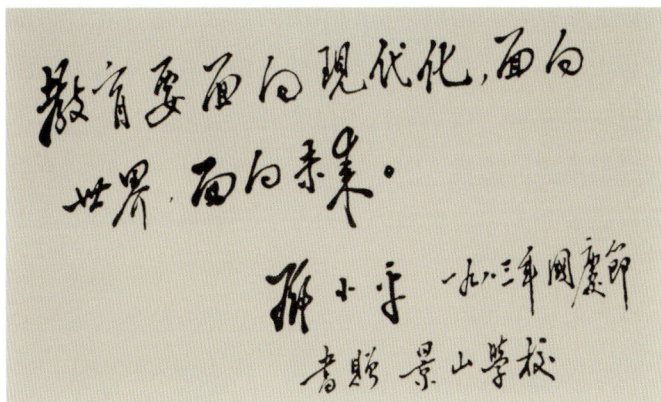

邓小平为北京景山学校题词：“教育要面向现代化，面向世界，面向未来。”

　　北京东城教育历史悠久、底蕴深厚、源远流长，在历史的进程中产生了众多的教育思想家、教育实践家，产生了众多在历史上有深远影响的名校，为国家的教育事业做出了卓越的贡献，为国家的政治、经济、科技、文化诸事业的发展培养了众多人才。

　　在新的历史时期，邓小平高瞻远瞩，为北京市东城区的景山学校题词：“教育要面向现代化，面向世界，面向未来。”“三个面向”题词为今后东城乃至全国的教育发展指明了方向。北京东城学校开始谱写新的篇章。

后　记

　　本书的出版，我们首先感谢重视学校历史研究和文物资料整理的北京二中校长钮小铧和北京汇文一小校长郑智学等众多教育界有识之士，感谢北京市东城区各学校帮助我们整理完成此书。

　　元代以来，除某些个别的历史阶段外，北京一直是中国的首都。通过北京东城学校的历史可以追寻中国教育历史的印记。编写此书的目的是希望有更多的人关注教育的历史，珍惜宝贵的教育史料和文物。由于资料不足和时间有限，收集内容不够丰富、不够全面，可能会漏掉很重要的内容，向大家表示歉意！同时，我们希望得到更多朋友的帮助，以使资料更加充分，让更多的人分享，更好地感悟和体味中国教育的历史。

　　本书中搜集的老照片与资料基本属于 1966 年 12 月之前，也有少数是后来的或补照的。本书中关于教育历史的分段与叙述评论、关于照片年代的确认和标注，可能会有不准确、不妥当之处，欢迎大家批评指正。

　　在成书过程中，我们得到了北京市东城区教委的指导与关心，得到了东城区中小学、幼儿园新老领导及老校友的支持和帮助，得到了各界朋友们的大力协助。曾在东城区学校——北京市第一七一中学担任过语文教师的著名学者、书法家、教育家欧阳中石教授欣然为本书题写了书名。

　　在此，我们一并致以诚挚谢意！

鲁天龙

2012 年 10 月

图书在版编目(CIP)数据

北京东城学校老照片:追寻中国教育历史印迹/鲁天龙主
编.—北京:中华书局,2012.11(2013.5重印)
ISBN 978 - 7 - 101 - 08855 - 7

Ⅰ.北…　Ⅱ.鲁…　Ⅲ.学校教育－教育史－东城区－
图集　Ⅳ.G527.1－64

中国版本图书馆 CIP 数据核字(2012)第 193360 号

书　　名	北京东城学校老照片:追寻中国教育历史印迹
主　　编	鲁天龙
责任编辑	祝安顺
出版发行	中华书局
	(北京市丰台区太平桥西里 38 号　100073)
	http://www.zhbc.com.cn
	E-mail:zhbc@zhbc.com.cn
印　　刷	北京瑞古冠中印刷厂
版　　次	2012 年 11 月北京第 1 版
	2013 年 5 月北京第 2 次印刷
规　　格	开本/787×1092 毫米　1/16
	印张 18¼　字数 30 千字
印　　数	4001－6000 册
国际书号	ISBN 978 - 7 - 101 - 08855 - 7
定　　价	98.00 元